RECUEIL
DE
COMPLIMENTS

Par MADAME J.-J. LAMBERT

PARIS
DELARUE, LIBRAIRE-ÉDITEUR
RUE DES GRANDS-AUGUSTINS, 3

RECUEIL

DE

COMPLIMENTS

EN VERS ET EN PROSE

La fête de la bonne maman

Impr. J. Claye, r. St-Benoît, 7.

RECUEIL

DE

COMPLIMENTS

EN VERS ET EN PROSE

SUIVI DE

PETITES COMÉDIES

POUR FÊTES DE FAMILLE ET DISTRIBUTIONS DE PRIX

PAR

MADAME J. J. LAMBERT

PARIS

DELARUE, LIBRAIRE-ÉDITEUR

RUE DES GRANDS-AUGUSTINS, 3

1858

AVERTISSEMENT

Notre intention n'a pas été seulement d'éditer un volume nouveau de *compliments* proprement dits, mais encore d'offrir aux familles et aux institutions des moyens variés, agréables, intéressants de célébrer les fêtes de l'enfance et de la jeunesse, tout en facilitant à celles-ci l'accomplissement des devoirs consacrés par les plus douces coutumes.

C'est dire suffisamment que la publication dont il s'agit est, dans cet ordre d'idées, une des plus complètes.

Les titres des différentes parties dont elle se

compose, le prouvent d'une manière trop évidente pour qu'il soit nécessaire d'insister sur cet avantage qui lui donne une supériorité réelle sur les livres analogues.

A la variété et au développement de ces divers cadres, le lecteur pourra, au moyen de quelques faibles modifications rendues faciles par la forme donnée à chacun d'eux, approprier l'un ou l'autre des éléments qui forment les susdits cadres, à telles personnes ou à telles circonstances qu'il conviendra.

Toutes les fois que cela a été possible, ces modifications ont été indiquées dans des notes jointes au corps même de l'ouvrage.

Pour les *compliments* en prose (3ᵉ et 4ᵉ parties), dont il est aisé de diminuer ou d'augmenter arbitrairement l'étendue, nous n'avions qu'à laisser la sagacité du possesseur du livre décider et faire comme elle l'entendrait. Ces petites pièces ont été, en effet, rédigées de manière qu'il soit permis de les adresser soit à un père ou à une mère, etc., et de les mettre dans la bouche soit d'un fils ou d'une fille, etc., sans autre peine et sans autre difficulté que celles de substituer quelques mots les uns aux autres.

Les changements à faire dans les *compliments* en vers (1re et 2e parties) pour les approprier à des sujets divers ou à de nouvelles destinations, pouvaient causer de légers embarras ; tout le monde n'a pas, en effet, les règles de la prosodie présentes à l'esprit, ou ne se soucie pas d'en faire l'application.

Un appendice détaillé, et assez explicite pour donner pleine satisfaction aux intentions du lecteur, a prévenu cet inconvénient. Chaque *compliment* en vers porte un numéro à l'aide duquel, en se reportant à la division correspondante à celle dont il fait partie, on peut trouver, indiquées ligne par ligne, les modifications désirables.

Il en est de même pour les comédies en vers, lorsqu'il y a lieu.

La variété première et déjà très-grande de cet ouvrage se trouve, de la sorte, portée aussi loin que possible, ou plutôt elle n'a de limites que celles où s'arrêtent les besoins, la fantaisie, la volonté des personnes qui le consultent.

On a enfin tenu compte avec non moins de soin des différences d'âge, de caractère, d'habitudes intimes qui doivent nécessairement exister entre les jeunes lecteurs auxquels il peut être utile. Sous ce rapport, nous avons aussi la certitude qu'il remplit toutes les conditions du programme que nous nous sommes proposé de réaliser.

Rien, en un mot, n'a été négligé pour qu'il prît et conservât une place encore inoccupée ou qui l'est incomplétement parmi les publications de même nature.

PREMIÈRE PARTIE

COMPLIMENTS EN VERS

A L'OCCASION

DU PREMIER JOUR DE L'ANNÉE, DE FÊTES, ETC.

POUR

PÈRE, MÈRE, GRAND-PÈRE, GRAND'MÈRE

1

A UN PÈRE

Pour le jour de sa Fête.

Du tendre sentiment qui m'anime en ce jour,
  Père chéri, faut-il que je proteste,
    Ainsi que de mon vif amour,
Quand chaque battement de mon cœur les atteste?
Ah! que feraient ici tous les plus beaux discours!
  Plus on chérit, moins ils sont nécessaires.
Je t'embrasse, je t'aime, et mes baisers sincères
Mieux que ma bouche encor te le diront toujours.

2

UN JEUNE ENFANT A UN PÈRE

Pour le jour de sa fête ou le premier jour de l'an.

Quels souhaits de bonheur faut-il que je t'adresse,
Et comment t'exprimer l'ardeur de ma tendresse?

Afin qu'à ton bonheur il ne manque plus rien
J'éviterai le mal et je suivrai le bien.
Puis, si c'était assez, pour embellir ta vie,
De l'amour de ton fils... Ah! pour combler tes vœux,
Si cet amour suffit, bon père, sois heureux :
T'aimer, t'aimer toujours sera ma seule envie.

3

A UN PÈRE

Pour le premier jour de l'année.

A rencontrer le bonheur ici-bas,
    Dit-on, est difficile ;
Des biens, dit-on encore, il est le plus fragile :
Chacun de nous le cherche et ne le trouve pas.
    Parler ainsi est une erreur profonde !
    Par ton exemple, ah! n'ai-je pas appris
Que de notre vertu le bonheur est le prix ;
    Que surtout il se fonde
    Sur la tranquillité
    D'une sévère conscience :
    D'être heureux, telle est la science !
    A ce bonheur par toi goûté
Il me serait permis d'apporter quelque chose;
    A ce bonheur bien mérité,
Aujourd'hui, je saurais ajouter une cause,

Si, pour contenter mon désir,
Il pouvait chaque jour s'affermir davantage,
    Et, chaque jour, grandir
Avec l'amour dont je t'offre l'hommage.

4

A UN PÈRE

Compliment pour diverses circonstances.

Instruit par toi, mon cher papa,
Mon cœur, tu le sais bien, déteste le mensonge,
    Et jamais il ne te trompa.
  Or, cette nuit, je dormais, quand un songe
    Vint, au milieu de mon sommeil,
    Me bercer jusqu'à mon réveil :
Un ange m'apparut, radieux de lumière,
Et, d'une voix touchante, il parlait de mon père,
De sa bonté pour moi, de ses soins empressés
    Et de ses jours dans le travail passés,
    De ses fatigues, de ses veilles,
Et tout cela pour moi!... Non jamais mes oreilles
N'entendirent des sons aussi mélodieux ;
Mon cœur était ému ; je sentis de mes yeux
    S'échapper de bien douces larmes :
    Combien ce rêve avait de charmes !
Il s'enfuit ; mais, papa, vois ma félicité :
Je m'éveille et je viens près de toi, je t'embrasse,

Le rêve s'envole, il fait place
A la réalité.

———

5

A UN PÈRE CONVALESCENT

Un petit enfant.

Soir et matin, à la vierge Marie,
Je demandais, avec anxiété,
Qu'elle voulût te rendre la santé.
 Quand pour son père un enfant prie
  Plein de ferveur,
La Providence émue, avec faveur
  Entend sa plainte :
L'enfant a le cœur pur et sa prière est sainte.
 Cher père, enfin, il t'est rendu
 Ce bien depuis longtemps perdu :
 C'est l'œuvre de la Providence ;
Mais une douce et secrète assurance,
 Quand je bénis cet heureux jour,
Me dit que Dieu l'accorde à mon amour.

———

6

UNE TOUTE PETITE FILLE A SA MÈRE

Pour le premier jour de l'année.

C'est aujourd'hui le premier jour de l'an :
En se levant, une petite fille

Accourt et vient embrasser sa maman ;
Elle promet d'être sage et gentille.
C'est un usage antique et consacré
Qui plaît beaucoup à ma vive tendresse ;.
Je la tiendrai cette belle promesse
Dont mes baisers sont le gage sacré.

7

A UNE MÈRE

Pour le premier jour de l'année.

Je vois, en ce moment, pour te le révéler,
L'avenir à mes yeux, mère, se dérouler :
    On dirait un livre qui s'ouvre
      A mes regards curieux ;
      Un livre mystérieux,
    Où Dieu permet que je découvre
      Le bonheur que mon amour
      Et mon respect, chaque jour,
Feront goûter à la meilleure mère.
    Ah ! pour moi, quelle peine amère,
      Si ce livre enchanteur
      Devait être menteur...
    Mais, de cet arrêt prophétique,
      Douter serait superflu :
    Mère, cet oracle magique
      Dans mon âme je l'ai lu !

8

UN JEUNE ENFANT A SA MÈRE

Pour la fête de cette dernière.

Accepte aujourd'hui de mes mains
Ces lilas, ces œillets, ces roses, ces jasmins.
Ta fille a composé pour toi cette corbeille ;
Aspire le parfum enivrant de ces fleurs,
Admire leur éclat et leurs fraîches couleurs.
Il existe une fleur à nulle autre pareille
Qui manque à ce bouquet... Eh bien, devines-tu,
   Cette fleur, comment on l'appelle ?
Mère, mille fois plus que la rose, elle est belle :
Elle croît dans ton cœur, et s'appelle *vertu !*

9

A UNE MÈRE

Pour sa convalescence.

Oui, pour notre bonheur, tu renais, ô ma mère !
Dieu, touché de mes pleurs, exauce la prière
Que tous les jours au ciel j'adressais à genoux.
L'ange de la douleur a retenu ses coups :
Dans les sombres cachots, sa demeure, il s'envole,
Et fait place, à son tour, à l'ange qui console.
On peut, mère chérie, on peut bien à présent
Te dire nos terreurs et notre affreux tourment :

Longtemps, entre la vie et la mort suspendue,
Je frémis d'y penser!... tu nous semblais perdue.
L'horrible maladie, hélas! pesait sur toi,
Te minait lentement; et, dans nos cœurs, l'effroi,
Croissant de jour en jour, balançait l'espérance.
Oh! combien j'ai souffert, mère, de ta souffrance,
Craignant pour ton repos, attendant ton réveil;
Que de pénibles jours, que de nuits sans sommeil!
De tes longues douleurs... ô douloureux spectacle!
« Docteur, que pensez-vous? Que Dieu fasse un miracle,
Répondait-il tout bas, car lui seul il le peut,
Seul il est tout-puissant, seul il peut ce qu'il veut! »
Ce miracle, il l'a fait! Plus de larmes amères,
Il rend à mon amour la plus tendre des mères.
Dieu nous éprouve un temps; il sait bien ce qu'il fait:
Après avoir frappé, sa main s'ouvre au bienfait!

10

A UN PÈRE OU A UNE MÈRE

Pour le premier jour de l'année.

Parfois un ange au doux visage
Nous fait en songe entendre un céleste langage;
 Cet ange porte une robe d'azur
  De mille étoiles parsemée:
Du céleste séjour il a pris son essor
Et descend près de nous sur un nuage d'or;
 Sa voix, ineffable harmonie,

Module de tendres accents ;
Dans nos cœurs, des mots caressants
Versent les saints trésors d'une joie infinie.
« Qui donc es-tu, bel ange gracieux ? »
Lui dit l'enfant de qui le front rayonne.
L'ange répond : « Je viens des cieux,
Et je suis l'amour filial ;
Au fils respectueux je donne
Un bonheur parfait, sans égal… »
Mieux que e ne puis te le dire,
Mère, les vœux formés pour ton bonheur,
Ce bel ange me les inspire
Et fait ici parler mon cœur.

11

A UN PÈRE OU A UNE MÈRE

Pour le premier jour de l'année ou pour sa fête.

Père chéri, dans l'ardeur qui l'embrase
Est-il besoin que mon cœur enfantin,
Vous souhaitant le plus heureux destin,
Tourne avec art une pompeuse phrase ?
D'un cœur naïf, le tendre sentiment
En peu de mots s'exprime simplement :
Je vous aime, mon père, et vous le dis sans style ;
Je vous aime : à trouver, que ce mot est facile !

12

A UN PÈRE OU A UNE MÈRE

Pour le premier jour de l'an ou pour sa fête.

 Permettez, mon cher père,
 Que, sous forme de compliment,
 Je vous raconte, à ma manière,
 Un conte... non, mais un rêve charmant.
J'avais songé longtemps à la douce journée
 Qui me permet de vous offrir mes vœux.
Puis, dans un autre monde, un songe merveilleux
Transporta mon esprit et mon âme étonnée.
Des mille objets divers qui, là, de toutes parts,
Frappaient, émerveillaient tour à tour mes regards,
Je ne vous ferai point, cher père, la peinture.
Entre tous ces objets, un limpide miroir,
Que doraient les reflets de sa riche bordure,
Fixa mes yeux : de près, je désirai le voir :
Une dame, au maintien grave et plein de noblesse,
 Alors le plaça dans ma main.
Un effet singulier se produisit soudain :
 Parfois, le cœur plein de tristesse,
Cependant je voyais, dans ce brillant miroir,
 Sourire mon visage ;
 Puis, tout à coup, d'un chagrin noir,
 L'impression, comme un fâcheux présage,
Effacer sur mes traits un faux air de gaîté.
La belle dame alors me dit avec bonté :

« Tu vois en moi la conscience.
De ton esprit ou de ton cœur
Et non d'un visage menteur
Cette glace te montre — et c'est là sa science —
Le reflet véritable, et par lui tu sauras
Que si certains devoirs, hélas !
A remplir coûtent quelque peine,
Tout devoir accompli fait notre âme sereine. »
— « Que je serais heureux, m'écriai-je, d'avoir
O noble Dame, un semblable miroir ! »
Elle reprit : « Ce miroir si sincère,
Enfant, c'est le cœur de ton père ! »
Je m'éveille et retrouve, entre vos bras pressé,
La douce illusion dont mon cœur fut bercé !

13

A UN PÈRE, A UNE MÈRE

Pour le premier jour de l'année ou le jour de sa fête.

De mainte excellente raison
Et de trop longs discours, une comparaison
Peut tenir lieu, quand elle est opportune :
A mon esprit, il en est une
Qui se présente ici... Tout comme un perroquet...
— Mais que vient, en cette occurrence,
Faire cet oiseau, s'il vous plaît ? —
A me tirer d'affaire, il m'aidera, je pense :
Comme ce babillard, au langage emprunté,

Et d'une autre parole, inhabile interprète,
Je sais mal de ma douce et tendre piété
    Reproduire la voix secrète.
    Ah ! si la voix ne lui manquait
    Que de choses sauraient vous dire
      Cette âme qui m'inspire,
Ce cœur dont je ne suis que l'humble perroquet.

14

A UN PÈRE OU A UNE MÈRE

Un tout petit enfant.

Je suis bien jeune encor ; je ne puis dans un livre,
Pour te le réciter, apprendre un compliment ;
Les lettres que, du doigt, le maître me fait suivre
Je les épèle à peine et pourtant, couramment,
Dans mon cœur, qui pour toi brûle d'amour extrême,
Sans épeler, je lis : Mon bon père, je t'aime.

15

A UN PÈRE OU A UNE MÈRE

Pour le jour de sa fête.

On célèbre aujourd'hui ta fête, mon bon père :
Accepte ce bouquet, présent trop éphémère.
Ton fils, en ce beau jour, que rien ne doit troubler,

Sent dans son cœur s'accroître encore et redoubler
Les plus doux sentiments : il sent la sainte flamme
De l'amour filial embraser sa jeune âme.
Aimer, aimer son père est le suprême bien,
Ce bien est ma richesse... cher père, crois-le bien :
Avant la fin du jour ces fleurs seront fanées,
Mais l'amour de ton fils durera des années.

16

A UN PÈRE OU A UNE MÈRE

Un enfant qui promet d'être plus studieux qu'il ne l'a été.

Appliqué désormais à combler tous vos vœux,
  Je saurai, mon bon père,
  Préférer l'étude à mes jeux,
 Et devenir un élève exemplaire.
Oui, le travail toujours, je le sais, a son prix ;
 Mais, dès longtemps, sans art et sans étude,
Mon cœur de vous chérir s'est fait une habitude,
Et je sais vous aimer sans qu'on me l'ait appris.

17

A UN PÈRE OU A UNE MÈRE

Pour le complimenter de son retour.

Jour de bonheur ! jour d'allégresse !
Le ciel te rend à mon amour ;

Plus de chagrin, plus de tristesse,
Père, te voilà de retour.
Mon cœur qu'en ce moment agite
Un vif et tendre sentiment,
En t'embrassant oublîra vite
De l'absence le long tourment.
Mon père, on prétend qu'à mon âge
On est léger, on est volage,
Et qu'on ne songe plus à ceux-là qui sont loin...
Ah! de l'amour d'un père un fils a trop besoin
Pour l'oublier jamais! Je le sens dans mon âme :
Loin des yeux, loin du cœur est un mensonge infâme;
Tandis que, loin de nous, mon père a voyagé,
Mon respect, mon amour pour lui n'ont point changé.

18

A UN PÈRE OU A UNE MÈRE

Pour l'anniversaire de sa naissance.

Oui, le jour où naquit mon père
Doit être au bonheur consacré ;
Que de ce jour, l'anniversaire
Réveille un souvenir sacré :
Car Dieu, de qui nous tenons l'être,
Lorsqu'il voulut te faire naître,
Te comptant parmi ses élus,
Mit sur terre un juste de plus !

19

A UN PÈRE OU A UNE MÈRE

Pour le jour de sa naissance.

Certains peuples encor, dans leur triste ignorance,
Du véritable Dieu, de ses desseins sur nous,
Font de la vie un mal. Chez eux une naissance
De leurs divinités présage le courroux.
Pour eux, qui se sont fait cette idée effroyable
D'une divinité vengeresse, implacable,
Et qui n'a qu'un seul but : de voir l'homme souffrir,
C'est un malheur de naître, un bonheur de mourir ;
Pour nous, plus sensés, nous, chez qui le libre arbitre
L'emporte dès longtemps sur la fatalité,
La vie est un bienfait, et la divinité
En a fait une épreuve en créant l'homme libre.
Oui, la vie est un bien pour qui sait comme toi
D'un Dieu rempli d'amour suivre la douce loi ;
Il écrit sur ton front : Éternelle espérance.
Père, qu'il soit béni le jour de ta naissance !

20

A UN PÈRE, A UNE MÈRE OU A DES PÈRE ET MÈRE

Pour le premier jour de l'année.

Le jour succède au jour, et l'année à l'année :
Briller quelques instants et bientôt s'éclipser,

Des choses d'ici-bas telle est la destinée.
Dans ce monde pourtant, où tout doit s'effacer,
Où le Temps, sans pitié, dans sa marche rapide,
Frappe tout du tranchant de sa faux homicide,
Dans ce monde pourtant, à ses coups triomphants,
Une chose résiste et n'est pas éphémère :
Cette chose est l'amour d'un père et d'une mère
Et le profond amour de leurs jeunes enfants.

———

21

A SES PARENTS, UN PETIT ENFANT

Pour le premier jour de l'année.

Mes chers parents, lorsque vos mains sont pleines
De beaux joujoux et de belles étrennes,
Lorsqu'aujourd'hui, comblant tous mes désirs,
Vous préparez pour moi nouveaux plaisirs,
Ah ! que pourrai-je, en l'ardeur qui m'enflamme,
Pour vos bontés, vous offrir?... Je n'ai rien
Que mon amour; oui, c'est là mon seul bien !
A vous ma vie, et mon cœur et mon âme.

———

22

A UN·PÈRE ET A UNE MÈRE

Pour le premier jour de l'année.

C'est aujourd'hui l'attrayante journée
Où dans les cœurs vont s'épancher les cœurs;

De notre amour, ah! puissent les douceurs
    Pour vous, la rendre fortunée!
Mais c'est aussi le jour des désirs satisfaits;
Il apporte avec lui les charmantes offrandes :
    On y souscrit à toutes les demandes.
    Il est un vœu, pour combler vos bienfaits,
Que nous vous supplions ici de satisfaire.
    Ce bien sans prix, cette douce faveur,
        A tous les présents, notre cœur,
        Pour être charmé, le préfère.
Mes chers parents, notre félicité
        Deviendra sans égale
Si vous daignez, d'une main libérale,
        Mesurer à votre bonté
        Notre tendresse filiale.

23

A UN PÈRE ET A UNE MÈRE

Pour le premier jour de l'année.

Bien qu'entouré par vous de l'amour le plus tendre,
    Bien que comblé de vos bontés,
    Moi qui, pourtant, voudrais vous rendre,
    Mes chers parents, mille félicités;
    Moi qui voudrais, pour acquitter ma dette,
Faire de votre vie une éternelle fête,
Par mes fautes, hélas! il m'arrive souvent
De changer malgré moi votre joie en tourment.

Tantôt, à belles dents, je m'avise de mordre
Un fruit mis en réserve, un beau fruit défendu ;
Tantôt je fais le sourd, pour transgresser un ordre ;
Tantôt c'est quelqu'objet par ma faute perdu ;
C'est un peu de colère ou de forfanterie,
C'est la paresse ou bien encor l'étourderie...
    Ah ! pour ne plus vous affliger,
    Je promets de me corriger.
  Je suis sincère, et croyez cet oracle :
— Je tiendrai ma promesse ! — Avec le nouvel an,
    Je changerai... Vous criez au miracle,
    Toi, mon bon père, et toi, chère maman ;
Vous secouez la tête avec un air de doute...
Mais l'amour filial m'aplanira la route ;
Par lui je marcherai d'un pas mieux affermi :
Qui veut se corriger, déjà l'est à demi.

24

A UN PÈRE ET A UNE MÈRE

Pour le jour de sa fête ou le premier jour de l'année.

  Mes chers parents, il est un livre
    Que l'on fait lire en pension ;
Il nous montre le bien dans un exemple à suivre :
    C'est la morale en action.
    Ce livre sait rendre facile
    L'accomplissement d'un devoir.
Le récit à l'appui du précepte y fait voir

Que celui-là toujours goûte un bonheur tranquille
Qui pour guides choisit l'honneur et la vertu.
Si l'enfant s'écartait de la route tracée,
S'il faiblissait... ce livre, en son cœur abattu,
  Mettant une bonne pensée,
Viendrait guider sa marche et soutenir ses pas,
  Et l'enfant ne tomberait pas.
Aimer, aimer le bien, fortifie et console
   Ceux qui le font,
  Et la vertu met sur leur front
  Une splendide et sublime auréole.

. . . .

 Mes chers parents, moi qui suis, grâce à vous,
  Entouré des soins les plus doux ;
  Moi qui trouve un appui solide
 Sur votre bras vigilant qui me guide,
 Mon pas est sûr, et je n'ai pas besoin,
Pour apprendre le bien, d'aller chercher au loin
  De bons exemples dans un livre.
Que me font ces beaux traits que l'on peut me citer :
  Je n'ai qu'à vous regarder vivre
  En cherchant à vous imiter.

25

A UN GRAND-PÈRE

Pour le premier jour de l'année.

Cher grand-papa, comblé par toi, dès mon enfance,
Des plus tendres bontés et de nombreux bienfaits,

Comment m'acquitterai-je aujourd'hui? Quels souhaits
Formeront mon amour et ma reconnaissance?
Je sens que mon esprit, hélas! est en défaut.
Qu'importe! si le cœur, du moins, sait parler haut,
Et si, par ses élans, cher grand père, il peut rendre
Le plus profond respect et l'amour le plus tendre.
Les paroles, d'ailleurs, souvent ne disent rien ;
Les actes valent mieux cent fois, et le moyen,
En pourrais-je douter? le plus sûr de te plaire,
Est de t'aimer toujours et toujours de ne faire
   Que le bien !

2.

A UNE GRAND'MÈRE

Pour le jour de sa fête.

Je voulais t'adresser un compliment en prose ;
 Non, m'a-t-on dit, il sera mieux en vers.
 En vers !... Mon Dieu ! je ne sais pas... je n'ose,
Chère grand'mère, et crains de parler de travers.
Essayons ; prose ou vers, après tout, il n'importe
  Que de l'une ou de l'autre sorte
Je m'exprime ! — Oui, pour peindre ici mon amitié
  Et les transports de ma tendresse,
  Si ma voix a trop de faiblesse,
Mon cœur plus éloquent parlera de moitié.

27

A UNE GRAND'MÈRE

Pour le premier jour de l'année.

Jalouse d'accomplir le plus charmant dessein,
D'un très-joli rosier j'allais couper la tige ;
Je voulais te l'offrir pour ta fête... Soudain
Une voix s'échappant de l'arbuste, ô prodige !
En charmant mon esprit, vint retenir mon bras,
Transformer mon désir, et de ma main craintive
Fit tomber les ciseaux... C'est que, douce et plaintive,
La voix du beau rosier disait : « Verrai-je, hélas !
Tomber ces verts rameaux, et, mère infortunée,
Moi qui, depuis longtemps, oui, bien longtemps, suis née,
Dois-je donc leur survivre?... Ah ! Dieu fit pour les fleurs
Comme pour les humains, de la joie et des pleurs.
Les branches dont les fleurs excitent ton envie,
Du même arbre que moi tiennent toutes la vie.
Ne me sépare pas de ces rameaux fleuris,
Ils sont tous mes enfants, mes petits-fils chéris ! »

. . . .

Bonne maman, faut-il t'expliquer cet emblème
    Touchant dans sa simplicité ?
    Non : il exprime en vérité
Une bonne grand'mère et ses enfants qu'elle aime.

28

A UN GRAND-PÈRE OU A UNE GRAND'MÈRE

Pour le jour de sa fête ou le premier jour de l'année.

Comme la brise qui murmure,
    Ah! si le cœur parlait;
Comme l'onde fuyante et pure,
    Ah! si le cœur chantait;
Comme l'oiseau sous la feuillée,
    Si le cœur gazouillait;
Comme l'orgue à la voix sacrée,
    Ah! si l'âme vibrait;
Comme la cloche au saint cantique,
    Ah! si l'âme priait;
En nous, comme une lyre antique,
    Si l'âme bruissait :
Quels doux concerts de sons, de voix et d'harmonies,
Pour bénir, pour chanter vos bontés infinies,
Débordant de mon âme, échappés de mon cœur,
Se mêleraient aux vœux que ma bouche timide
Fait monter aujourd'hui vers ce ciel où réside
Des célestes bienfaits le Dieu dispensateur!

29

A UN GRAND-PÈRE OU A UNE GRAND'MÈRE

Pour le jour de sa fête ou le premier jour de l'an.

Ce jour qui, chaque année,
Excite de mon cœur le doux épanchement,

Est, cher grand-père, une heureuse journée !
Et cependant, ce jour charmant
Avec tant de plaisir et de bonheur, ramène
Dans mon esprit une bien vive peine.
Eh quoi ! dans un moment semblable à celui-ci,
Grand-père, direz-vous, peut-être,
Un chagrin, un souci !
A vous le faire ici connaître,
Je le vois bien, il faut me résigner :
Quand je vois, grâce à votre exemple,
L'honneur ici régner,
Lorsque j'admire et je contemple
De vos leçons les fruits si précieux,
Ah ! n'est-il pas permis que je regrette
Que ma bouche ne sache mieux
De mon tendre respect être ici l'interprète.

30

A UN GRAND-PÈRE OU A UNE GRAND'MÈRE

Pour le jour de sa fête.

Sur la tige où pour vous ma main vient de cueillir
Ce bouquet, chaque année
Fait renaître et fleurir
De ses productions une gerbe embaumée ;
De même, on a vu chaque jour
Inspirer à votre âme et si noble et si belle,

Pour vos petits enfants quelque bonté nouvelle,
Qui vous rendît plus digne encor de leur amour.

31

A UN GRAND-PÈRE ET A UNE GRAND'MÈRE

Pour le premier jour de l'année.

Les sentiments de respect et d'amour
    Que ma bouche sincère
Vous témoigne aujourd'hui, mon âme, chaque jour,
Les sent encor grandir... Ah ! puissent-ils vous plaire
    Autant qu'ici j'ai de plaisir
A vous en exprimer le doux et tendre hommage.
Puissent mes actions, bien plus que mon langage,
    Vous prouver mon constant désir
    De me montrer digne sans cesse
    De cet amour, de la haute sagesse
      Dont vous avez, pour nous,
Su faire, tant de fois, une invincible égide,
    Qui, dans le champ souvent aride
De la vie, ont produit pour moi des fruits si doux !
De l'honneur et du bien vous nous montrez sans cesse
    A suivre le chemin.
Ah ! que votre bonheur égale ma tendresse :
    Chers grands parents, je bénis votre main !

32

A UN GRAND-PÈRE ET A UNE GRAND'MÈRE

Pour le premier jour de l'année.

De ma bouche écartant tous les discours frivoles,
Je voulais aujourd'hui vous exprimer mes vœux
En termes éloquents, rares et merveilleux ;
   Je voulais que, dans mes paroles,
La rhétorique fît briller toutes ses fleurs,
  L'art ses trésors, le style ses couleurs ;
Je voulais, vain espoir ! hélas ! peine perdue !
    Essayant mille tons divers,
   Vous peindre en prose ou bien en vers,
De mon amour pour vous l'ardeur et l'étendue...
Pendant que je voyais se partager mon choix
Entre les vers divins et la terrestre prose,
   Il me sembla qu'une petite rose
    Me disait de sa frêle voix :
« Ah ! qu'inutilement tu te donnes de peine ;
   Enfant ! de moi que dirait-on,
Si d'un rimeur bavard j'allais prendre le ton
    Pour dépeindre ma douce haleine ?
Combien je sentirais comme toi d'embarras !
Mon parfum se respire et ne se décrit pas. »
Puis une étoile d'or, dans son brillant sourire,
    Le même soir parut me dire :
   « Il n'est pas d'éloquents discours
  Qui puissent peindre à l'esprit ma lumière.

Baiser divin que j'envoie à la terre,
Et des pompes du style, en vain tout le secours
Se joindrait aux efforts d'une habile pensée ! »
Étoile et rose ainsi, d'une voix fort sensée,
 Mirent un terme à mon cruel souci,
  Car au parfum de celle-ci
  Ainsi qu'à la douce lumière
 De celle-là, chers grand-père et grand'mère,
Les effluves du cœur peuvent se comparer ;
Non ! tous les plus grands mots ne pourraient vous montre
Ni le profond respect, ni cet amour immense
  Qui m'animent pour vous !
  Que de votre existence
 Ils soient le parfum le plus doux.
 Jusqu'à vos cœurs, ah ! puisse leur lumière
  Rayonner tout entière !

———

A UN GRAND-PÈRE ET A UNE GRAND'MÈRE

Pour le jour de sa fête ou le premier jour de l'an.

Pour peindre, pour chanter une affection sainte,
Poëtes, prosateurs, ont pris cent tons divers ;
Plus d'un même y perdit ou sa prose ou ses vers.
Je voudrais cependant, — ah ! jugez de ma crainte, —
De mon affection vous parler aujourd'hui.
D'un éloquent rhéteur je n'ai point le langage.
  Mais ne pourrai-je donc sans lui
  Vous exprimer un tendre hommage ?

Entre les cœurs unis par un lien si doux,
N'est-il pas, en effet, une langue muette
    Qui parle doucement pour nous,
    De ces cœurs, fidèle interprète?
Que de fois j'ai senti s'élever dans le mien
Une semblable voix, et, volant vers le vôtre,
    Dans un ineffable entretien
    Les réunir l'un avec l'autre.
    Ma crainte se dissipera
Si vous prêtez l'oreille à cette voix sincère ;
Sans peine et longuement elle vous redira
    Combien votre amitié m'est chère,
    Que de mon cœur le plus ardent désir
    Est de savoir rester digne sans cesse
    De vos bontés, et mon plus doux plaisir
    De vous prouver ma profonde tendresse !

DEUXIÈME PARTIE

COMPLIMENTS EN VERS

A L'OCCASION

DU PREMIER JOUR DE L'ANNÉE, DE FÊTES, ETC.

POUR

BEAU-PÈRE, BELLE-MÈRE, ONCLE, TANTE, PARRAIN, MARRAINE, ETC., ETC.

1

A UN BEAU-PÈRE

Pour le jour de sa fête ou le premier jour de l'année.

D'une mission tutélaire
Acceptant la touchante loi,
Vous avez remplacé le père,
Le père qui n'est plus pour moi.
De l'amour filial, mon cœur déshérité,
Pour vous chérir, alors a pu sentir renaître
Ce même amour de fils que, sans votre bonté,
Je ne devais, hélas ! peut-être plus connaître.
Oui, le nom vénéré de père, doucement,
S'exhale de mon sein, ma bouche le répète,

Et je ne trouve pas, du tendre sentiment
Que m'inspirent vos soins, un moins doux interprète.
Permettez qu'aujourd'hui ce nom cher et sacré
Vous peigne d'un seul mot toute ma gratitude.
   Ah! dans mon cœur, votre sollicitude
   Et vos bienfaits l'ont déjà consacré!

2

A UNE BELLE-MÈRE

<small>Pour le jour de sa fête ou pour le premier jour de l'année.</small>

   Il est un ange aux cieux
Que vos bontés pour moi, chaque jour, font sourire,
Dont le regard, en vous, à chaque instant peut lire
Les soucis maternels de l'amour précieux
   Auquel je dois un appui tutélaire :
     Cet ange, c'est ma mère!
    Ma mère... Un miracle bien doux
     Un jour me l'a rendue ;
   Oui, je l'ai retrouvée en vous,
     Cette mère perdue,
  Et du passé le souvenir pieux
Aujourd'hui se confond avec la gratitude
Dont vos bontés m'ont fait une douce habitude.
Un filial amour les réunit tous deux
    Sous ses plus saintes lois.
   Recevez l'hommage sincère

De cet amour béni deux fois :
Et dans le ciel et sur la terre.

3

A UN BEAU-PÈRE OU A UNE BELLE-MÈRE

Pour le jour de sa fête.

Parmi toutes les fleurs, j'ai bien longtemps cherc
 Une fleur digne de vous plaire :
La violette au front modestement caché
 Ni le lis à la tête altière,
L'anémone azurée ou la rose vermeille,
 Ni les plus fraîches de leurs sœurs,
Malgré leurs doux parfums, leur beauté sans pareille,
 Malgré l'éclat de leurs couleurs,
De mon profond amour, hélas ! ne m'ont semblé
Être l'expression ou l'image fidèle.
 De tant de biens par vous comblé,
Quelle fleur vous donner ? Ah ! fût-ce la plus belle,
 Pour peindre, au gré de mon envie,
Un sentiment qui m'est bien plus cher que la vie.
Il existe un endroit pourtant où cette fleur
 Depuis longtemps a pris naissance,
  Et c'est mon cœur ;
On la nomme, déjà vous l'avez deviné :
  Reconnaissance !
 Ce baiser tendrement donné
  C'est son langage,

En fut-il jamais de plus doux !
Ah ! dans mes actions sans cesse puissiez-vous
En voir l'image !

4

A UN ONCLE

Pour le premier jour de l'année.

C'est aujourdhui le premier jour de l'an,
Et des enfants ce beau jour est la fête ;
Depuis huit jours, chacun songe, en cachette,
Aux joujoux.—Tous les cœurs battent du même élan,
Que de désirs formés ! de châteaux en Espagne !
Plus d'une jeune tête a battu la campagne.
Quelques heures encor... que de rêves charmants
Vont se réaliser. Oh ! les heureux moments !
Demain est le grand jour ! et les mains seront pleines
D'étrennes !
Mon cher oncle, toujours, prévenant mon désir,
Vous me faites quelque surprise ;
Mais faut-il qu'ici je vous dise
Ce qui peut me causer le plus parfait plaisir ?
Aimez-moi votre vie entière,
Un bon oncle est un second père !

6

A UN ONCLE

Pour le jour de sa fête.

Jour de bonheur !
Jour d'allégresse !
Il est permis à notre cœur
D'épancher toute sa tendresse
Dans les plus chers, les plus doux de nos vœux ;
Ce jour enfin, où chacun vous souhaite
Mille prospérités, ce jour est votre fête ;
Mais c'est bien plus encor celle de vos neveux !
Aux doux souhaits que pour vous nous formons
Votre bouche daigne sourire ;
Cette fête, aujourd'hui, nous pouvons le redire,
Oui, c'est la nôtre, à nous qui vous aimons.

7

UN JEUNE ENFANT, A SA TANTE

Pour le premier jour de l'an ou la fête de celle-ci.

Quels souhaits, en ce jour,
Oui, quels vœux mon amour
Peut-il former pour que ma bonne tante,
Tout heureuse et contente,
N'ait rien à désirer ?
S'il me suffit de l'assurer

Du désir ardent que mon cœur
Élève aux cieux pour son bonheur,
Et de ma tendresse profonde,
Oh! sa félicité doit être sans seconde!

8

UN JEUNE ENFANT ORPHELIN

A une tante qui l'a élevé.

Quand le Seigneur, hélas! appela dans les cieux
Ma mère bien-aimée, il voulut qu'une tante,
Ange consolateur, dans sa bonté touchante,
De l'orphelin en pleurs vînt essuyer les yeux.
Des baisers maternels la perte est bien amère...
Oh! l'amour d'une mère!... Oh! ce trésor perdu
A tout jamais pour moi, vous me l'avez rendu,
Car vous êtes pour moi, ma tante, une autre mère!

9

A UN ONCLE OU A UNE TANTE

Pour le premier jour de l'année ou le jour de sa fête.

Pour exprimer les mêmes sentiments,
Eh quoi! toujours semblables compliments,
Peut-être direz-vous. A cette antique mode
Essayons, aujourd'hui, cher oncle, d'échapper;
Adoptons une autre méthode.

De mon cœur, en effet, pour que, sans vous tromper,
    Vous puissiez sans cesse connaître
      Les tendres mouvements,
Ne me suffit-il pas de les faire paraître
    Dans mes plus doux embrassements ?
   A ce sujet, il ne faut point m'étendre ;
    Pour réaliser mon désir,
Je ne dois pas non plus ici vous faire entendre
    Combien j'éprouve de plaisir
   A vous donner un nouveau témoignage
    De mon respect, ou quelque gage
    De ce lien d'affection.
Qui, m'attachant à vous, à chaque instant m'inspire
   Le vif espoir, la noble ambition
D'être digne de vous. Je ne dois pas vous dire
Enfin que vos vertus... Mais je crois que vraiment,
    Sous prétexte de n'en point faire,
   Je vous débite un fort long compliment ;
     C'est qu'à moins de me taire,
L'amour respectueux dont vous êtes l'objet
    Pour moi, sans cesse est un suje
    Sur lequel vainement, je pense,
Je tenterais de garder le silence.

10

A UN ONCLE, A UNE TANTE OU BIEN A UN ONCLE ET A UNE TANTE

Pour le jour de leur fête ou pour le premier jour de l'année.

Mon cher oncle, aux petits enfants,
Dit-on, les petits compliments :
   Il faut bien que j'accepte
   Pour loi ce vieux précepte.
Mon compliment est court, du moins qu'il vous soit doux.
   Mais si ma tendresse pour vous
   Lui servait ici de mesure,
Si, comme elle, mon corps pouvait vous sembler grand,
   Vous les verriez, je vous assure,
L'un devenir poëme et puis l'autre géant.

11

A UN FRÈRE AINÉ

Pour le jour de sa fête ou pour le premier jour de l'année.

De toi, grand frère, on dit : C'est un homme à présent ;
   Moi je ne suis qu'un tout petit enfant.
     Tu ne crains plus pour ton dimanche
     Les longs *pensum*. Sur un devoir
     Tu ne mets plus ce pâté noir
Qui me fait regretter que l'encre ne soit blanche.
On vante ton savoir : tu lis dans la grammaire,

Tu connais l'orthographe et fais, je crois, des vers;
 Même on dit que, pour te distraire,
Tu pourrais réciter l'alphabet à l'envers.
 Ah! je rougis, et ma peine est extrême,
 Lorsque tu sais tant de choses si bien,
 De ne savoir, hélas! moi, presque rien.
Je me trompe : je sais que tendrement je t'aime.
  Oui, sur ce point, en moi je sens
  Une douce et ferme assurance
  Que, malgré tes nombreux talents,
Mon modeste savoir égale ta science.

12

A UN PARRAIN

Pour le jour de sa fête ou pour le premier jour de l'année.

 Le nom que de votre bonté
J'ai reçu, cher parrain, et qu'au nom de mon père
 Aujourd'hui je porte ajouté,
 Ne fut pour moi que la faveur première
 D'une tendre protection.
Mes vœux de tous les jours et ce sincère hommage
 Seraient de mon affection
 Un vain et faible témoignage,
Si je ne ressentais sans cesse le désir
 De me montrer par ma conduite
 Heureux et jaloux de saisir
Le moyen de prouver, parrain, que je mérite

Et votre amour et vos bienfaits.
J'en serai digne, et mes plus chers souhaits
Seront comblés, si Dieu m'enseigne à vivre
Comme vous pour le bien, les vertus et l'honneur.
A vous encor je devrai ce bonheur,
Car je n'ai, pour cela, que votre exemple à suivre.

13

A UN PARRAIN

Pour le jour de sa fête ou pour le premier jour de l'année.

Cher parrain, vous avez été
Mon premier bienfaiteur : oui, je venais de naître,
Et déjà je goûtais le fruit d'une bonté
Qu'il ne m'était encor pas permis de connaître.
Vous me donniez, don flatteur et pieux !
Le nom sacré, ce nom que j'allais joindre
Au nom de mes aïeux.
De vos bienfaits, ce ne fut pas le moindre,
Et combien de sujets, pourtant, de gratitude
Devaient encore m'être donnés par vous !
Puisse de vous chérir ma constante habitude
Vous sembler, cher parrain, le tribut le plus doux
Que le ciel me permette
De vous offrir pour prix de vos bienfaits !
Pour acquitter ma dette,
C'est peu de mon hommage et de tous mes souhaits.

Dans votre cœur, s'ils faisaient naître
Quelque joie et quelque bonheur,
Ils me feraient ici connaître
Une nouvelle et bien douce faveur.

14

UN PETIT GARÇON A SON PARRAIN

Pour le jour de la fête de celui-ci ou pour le premier jour de l'année.

En termes remplis d'éloquence,
Je voulais vous complimenter.
Mais pourquoi, cher parrain, irais-je à la science
D'un langage étranger vainement emprunter
Le style solennel? Ce que mon cœur désire
Vous exprimer, il m'est permis
En un seul mot de vous le dire :
Mon cœur pour vous ressent l'affection d'un fils!

15

UNE JEUNE FILLE A SA MARRAINE

Pour la fête de celle-ci ou le premier jour de l'année.

Quand une fée autrefois, au baptême
De quelque enfant, présidait, nous dit-on,
La bonne fée en sa tendresse extrême,
En souriant lui faisait quelque don :
C'était tantôt l'esprit ou la sagesse

Ou la science, ou tantôt la beauté.
Elle donnait à l'une la richesse,
A celle-là la grâce et la bonté ;
Une autre enfin, elle la faisait reine.
Ce temps n'est plus, et pourtant, ma marraine,
Vous me comblez de dons si précieux
Que, je le crois, une fée, une seule
Est parmi nous et se montre à nos yeux.
Elle a vos traits, et je suis sa filleule !

16

A UNE MARRAINE

Pour le jour de sa fête ou pour le premier jour de l'année.

Du tendre sentiment
Que je ressens pour vous, chère marraine,
L'expression me semblerait bien vaine,
Si je pensais qu'un simple compliment
Puisse vous exprimer, vous prouver tout entière
    Mon amitié : je veux
Que de votre filleule enfin, vous soyez fière,
Et que mes actions d'accord avec les vœux
    Qu'ici je vous adresse,
  Vous fassent voir et ma tendresse
    Et, de nouveau, l'espoir constant
D'être digne toujours de la faveur si chère
Que je reçus de vous... Qu'ai-je de mieux à faire,
Si ce n'est pour cela, vivre en vous imitant ?

17

UNE PETITE FILLE A UNE MARRAINE

Pour le premier jour de l'an ou le jour de la fête de celle-ci.

J'entendis l'autre jour un enfant demander :
Qu'est-ce donc, s'il vous plaît, père, qu'une marraine ?
Ah ! je n'ai pas besoin, pour moi, qu'on me l'apprenne.
A cette question, j'aurais su sans tarder
  Quelle réponse il fallait faire.
 De mon savoir ne soyez pas surpris,
Car mon cœur m'a déjà depuis longtemps appris
Qu'une marraine était une seconde mère !

18

UN JEUNE ENFANT A SON TUTEUR

Pour un jour de fête ou le premier jour de l'année.

« Garde-toi d'oublier, mon enfant, que tu dois
  « Respect ainsi qu'obéissance,
 « A ton tuteur, m'a-t-on dit maintes fois ; »
  Et votre tendre vigilance
A gravé chaque jour ce double sentiment
  Dans mon esprit. Mieux inspirée,
Une secrète voix me dit en ce moment
  Qu'une obligation sacrée
  M'attache pour toujours à vous,

Et me fait un devoir bien doux
De vous chérir de cet amour sincère
Qu'un fils respectueux éprouve pour son père.

19

A UN TUTEUR

Pour le jour de sa fête ou pour le premier jour de l'année.

Après le jour où ma faible jeunesse
    Trouvait en vous un noble protecteur,
Le jour le plus heureux pour moi, mon cher tuteur,
Est celui qui permet à la vive tendresse
       Dont vos bienfaits pour moi,
      Me font un bonheur, une loi,
    De s'épancher hautement, tout entière !
      A ces bienfaits si précieux,
Il est un bien pourtant que mon âme préfère,
      Et dont je suis plus envieux
Que du fruit de vos soins : ce bien si doux qui cause
      Mon envie, et que nulle chose
    Pour moi ne peut ici-bas remplacer,
C'est votre affection, c'est votre amour de père.
      Puisse du temps la main sévère
    De votre cœur ne jamais l'effacer.

20

A UN PÈRE ADOPTIF OU A UN BIENFAITEUR

Pour le jour de sa fête ou le premier jour de l'an.

A l'enfant pauvre abandonné,
Le pain de tous les jours, grâce à vous fut donné.
Vos bienfaits m'ont appris à bénir sur la terre
Une main paternelle, une main tutélaire
Dans son petit berceau quand l'orphelin rêvait,
Il voyait un bon ange, assis à son chevet,
Le couvrir de son aile et guetter en silence
La plainte qu'à sa bouche arrachait la souffrance.
Le bon ange, c'est vous, c'est vous mon bienfaiteur !
De mon sort adouci, vous seul étiez l'auteur,
Et lorsque je grandis, votre vertu solide
Fut mon soutien, ma joie et mon unique guide.
De la religion, le flambeau dans vos mains
Brillait, et du devoir me montrait les chemins.
O mon cher bienfaiteur, dans l'ardeur qui m'enflamme,
Je bénis vos bontés ! et, du fond de mon âme,
Où vous avez semé vos nobles sentiments,
D'un amour éternel les plus saints mouvements,
D'un amour filial la plus vive apparence
Vous disent mon respect et ma reconnaissance.

Verse tes dons les plus heureux
Sur celui qui pour moi devint un second père ;
Dieu juste ! ô Dieu puissant, écoute ma prière !
Et comble ainsi mon espoir et mes vœux.

21

A UN BIENFAITEUR

Pour le jour de sa fête ou pour le premier jour de l'année.

Ah ! comme l'oiseau, doux chanteur,
Dont la voix, pour bénir sans cesse
La main de Dieu son bienfaiteur,
S'élève en hymne de tendresse,
Monte, en concerts harmonieux,
    Jusques aux cieux,
Je voudrais, dans un doux langage,
Pouvoir vous peindre, chaque jour,
    Mon tendre amour !
Le bien que je vous dois, seul en sera le gage ;
    Car si le ciel, — folle présomption, —
O de mon cœur, souhait vain et stérile,
Si le ciel exauçait ma juste ambition,
    De ce cœur ma voix inhabile
Ne saurait exprimer, hélas ! que faiblement
    L'inaltérable et profond sentiment...
Mais Dieu qui fit votre âme et bonne et généreuse,
S'il ne m'a pas donné la voix mélodieuse
De ses chantres ailés, vous, il vous a doté
    D'une inépuisable bonté.
    Dans mon esprit vous saurez lire
Ce que ma bouche ici n'a pas l'art de vous dire.

22

A UNE BIENFAITRICE

Pour le premier jour de l'an ou le jour de sa fête.

    Quand chaque créature
    Bénit un bienfaiteur,
    Quand tout dans la nature
    Loue et chante l'auteur
Des bienfaits éternels répandus sur la terre,
Je mériterais mal vos nombreuses bontés
Si mon cœur et ma bouche ici pouvaient se taire !
Ma voix n'a point, hélas ! les accents veloutés,
    Saintes musiques,
Des chanteurs aériens qui dans les arbres verts
    Pour louer Dieu modulent leurs concerts !
    Pieux cantiques,
De l'insecte dans l'air le gai bourdonnement,
Et des gazons fleuris le doux frémissement,
    S'élèvent comme une prière
Que, constamment au ciel, fait entendre la terre ;
    Ce ciel où cent sortes de fleurs,
Ainsi qu'un doux encens, font monter leurs senteurs.
    Si, comme eux, d'un constant hommage
    Je ne puis payer vos bienfaits,
  Ah ! qu'aujourd'hui mes baisers, mes souhaits,
De mon amour pour vous soient de nouveau le gage.

23

A UN ECCLÉSIASTIQUE

Pour fête, premier jour de l'année, etc.

Quand le Christ autrefois habitait notre terre,
Versant sur tous les maux un baume salutaire,
Ceux-là qu'il soutenait de ses bras triomphants,
C'étaient les opprimés, les faibles, les enfants.
Ah! les enfants surtout. Pour eux, pour leur faiblesse,
Son cœur était rempli d'ineffable tendresse.
« Laissez-les, disait-il, venir jusques à moi. »
Vous, monsieur le curé, du Christ suivant la loi,
Comme Dieu, vous aimez et protégez l'enfance ;
Vous préservez du mal sa fragile innocence ;
Vous dites aux enfants, dans vos doux entretiens : —
« La paix, la paix de l'âme est le premier des biens ; » —
Vous montrez à leurs cœurs le vice haïssable,
Et vous leur faites voir la vertu seule aimable.
Mon père !... Ah! ce beau nom, vous l'avez mérité,
Vous, monsieur le curé, qui m'avez abrité
  Sous votre égide paternelle !
De vos sages leçons mon esprit gardera
  Le souvenir doux et fidèle,
  Et mon cœur vous conservera
Une reconnaissance infinie, éternelle.
  Pour payer ma dette envers vous,
Puisse Dieu vous combler de ses dons les plus doux.

24

**A UN VIEIL AMI OU A UNE ANCIENNE AMIE
DE LA FAMILLE**

Pour le jour de sa fête ou pour le premier jour de l'an.

Par l'amitié les liens consacrés,
    Et ses félicités sereines,
    Ne paraissent pas moins sacrés
    Que les fortes et saintes chaînes
    Que fait chérir l'hérédité
D'un même sang. Oui, l'amitié sincère,
Est un lien aussi de douce parenté.
Combien vous avez su, pour nous, la rendre chère,
    Et que, pour la bénir, mon cœur
    A vous fêter éprouve de douceur !
Mais en vain je voudrais ici vous faire entendre
Ce qu'il ressent pour vous de sincère et de tendre.
    Mieux que je ne sais m'exprimer,
    Ah ! vous savez vous faire aimer !

25

A UN PARENT OU A UN AMI, ANCIEN OFFICIER

Le jour de sa fête.

Anémones, œillets, pavots et boutons d'or
    Peuvent, dit-on, remplacer les paroles :
    Le lis, la rose et la clochette encor

Offrent un sens caché dans leurs fraîches corolles.
    Choisissons : d'abord loin d'ici
    Rejetons ce vilain souci.
    Mais quelle fleur vous offrirai-je :
Une pervenche ? un lis aussi blanc que la neige ?
Mais non : vous m'avez dit que de ses jeunes ans
Le vieillard se souvient malgré ses cheveux blancs,
Et que ces souvenirs sont pour lui pleins de charmes.
De nos brillants combats vous me parlez souvent,
Et de la Grande Armée et de l'éclat des armes,
Et des drapeaux vainqueurs que déployait le vent.
    Daignez sourire, et que ces violettes
Vous rappellent encore la gloire et les conquêtes.

TROISIÈME PARTIE

COMPLIMENTS EN PROSE

A L'OCCASION

DU PREMIER JOUR DE L'ANNÉE, DE FÊTES, ETC.

POUR

PÈRE, MÈRE, GRAND-PÈRE, GRAND'MÈRE

1

UN JEUNE ENFANT A UN PÈRE

Pour le jour de la fête de celui-ci, ou le premier jour de l'année.

Pour flatter ton légitime orgueil, et répondre à la tendre ambition que ton amour t'inspire pour moi, je voudrais, cher père, être déjà un grand savant. Quel doux emploi je ferais aujourd'hui de ma science ! Elle me servirait à te peindre en termes élégants et dans un langage élevé ma tendresse et mon respect. Toutefois, je me console de n'être encore qu'un ignorant, car cette tendresse et ce respect n'y perdent rien. Plus promptement et avec plus d'habileté que les meilleurs maîtres, il est un maître qui m'a enseigné tout ce que, pour contenter ton envie, je puis désirer savoir sur ce point-là : c'est de te chérir ; et ce maître, c'est mon cœur !

2

A UN PÈRE

L'année qui vient de finir emportera avec elle le ressentiment de bien des joies, de bien des peines, le regret de bien des espérances déçues. C'est le propre du temps, en effet, d'effacer, en marchant, la trace des impressions riantes ou chagrines que les événements ont faites dans notre esprit, de même qu'il use chaque jour la pierre de l'église, le marbre du palais. Mais il est un endroit de notre cœur où son action ne saurait pénétrer : celui qui garde, comme un immuable trésor, l'amour de famille, les tendres et respectueux sentiments dont les liens, non moins que ceux du sang, nous attachent à un père bien-aimé, à une mère chérie. Cet endroit ne peut-il pas s'appeler l'arche sainte du cœur? Vainement le temps l'effleure de ses ailes ; sa mission destructive s'exerce sur ce refuge sacré de nos sentiments bien moins encore qu'elle n'a d'effet sur l'or et sur le diamant. C'est là, mon bon père, que se trouve gravée ta chère image ; c'est là que résident le souvenir de tes bienfaits, ainsi que la douce et tendre gratitude qu'ils m'inspirent, le ferme désir de suivre toujours tes sages et affectueux conseils, de pratiquer tes utiles leçons, enfin l'inébranlable résolution de me montrer digne de toi et des miens. De tous ces sentiments, l'année qui s'envole n'emportera rien, et celle qui commence ne pourrait que les fortifier et les grandir, s'il en était besoin, pour ajouter un bonheur de plus à l'accomplissement des vœux que, pour toi, je forme aujourd'hui.

3

UNE PETITE FILLE

<small>A un père pour le premier jour de l'année, ou pour sa fête.</small>

Pour ma jolie poupée, je pensais être très-bonne ; c'est que je l'aime ou crois l'aimer, quoique je me fâche contre elle bien souvent. Sa grande faute, presque toujours, est de ne plus m'amuser. Je la relègue alors dans quelque endroit obscur, je la laisse sans le moindre soin et l'oublie pendant plusieurs jours. Cependant, ce n'est qu'un personnage de carton, et moi-même je fais, suivant mon caprice, ses bonnes et ses mauvaises qualités... Ah ! combien la bonté dont tu me rends l'objet me paraît immense, mon cher père, quand je la mesure à la complaisance intéressée que j'ai pour lui, tant cette bonté est grande et généreuse à côté de la mienne, si petite. Ton affectueuse indulgence, ta tendre sollicitude ne me semblent pas moins grandes lorsque je compare encore ma conduite, qui n'est pas toujours irréprochable, aux torts imaginaires dont cette poupée me cause le chagrin. Je me croirais alors indigne de cette indulgence et de cette sollicitude, si je ne possédais aussi, de plus qu'une marionnette, un cœur pour les comprendre, les payer du plus profond amour, d'une reconnaissance sans bornes, enfin une conscience dont les conseils, inspirés par tes douces leçons, me rendront de jour en jour meilleure... Voilà les réflexions que m'inspirait le retour de cette journée. N'ont-elles pas pour toi plus de prix que mon humble bouquet?

4

A UN PÈRE

Pour le premier jour de l'année ou le jour de sa fête.

J'avais insensiblement laissé mon esprit se plonger dans une de ces profondes rêveries qui sont comme les songes des âmes éveillées. Mes yeux ouverts ne voyaient plus qu'avec les regards de l'imagination. Tout ce qui m'entourait avait peu à peu pris une forme nouvelle, ou plutôt avait été remplacé par les images diverses que, d'un coup de sa baguette magique, la rêverie mettait à leur place. Je me vis tout à coup assis sur le bord d'un petit lac jusqu'au fond duquel mes regards plongeaient sans peine, soit qu'il demeurât transparent comme un pur cristal et non moins uni qu'une belle glace, soit que son eau, subitement agitée par une cause dont je ne me rendis pas compte tout d'abord, prît en un instant une nuance de plus en plus sombre. Chaque fois que le petit lac offrait un aspect différent, un changement dans lequel je trouvais une analogie morale avec ce que je voyais, semblait, en même temps, s'opérer en moi. Pendant que j'admirais et cherchais à m'expliquer ce phénomène, un nouveau sujet d'étonnement frappa mes yeux : bien qu'une circonstance inexpliquée dût nous tenir éloignés l'un de l'autre, l'eau du lac venait de m'offrir l'image de votre visage, ainsi qu'eût pu la refléter le plus parfait miroir. Cette eau était calme alors et votre visage souriant. Elle s'agita et devint trouble, vos traits devinrent tristes et s'assombrirent. Plusieurs fois ce prodige se renouvela. Je pouvais ainsi, à chaque instant, deviner — car il me semblait que c'était une prévision — quels seraient, doux ou amers, les sentiments de votre âme. Il me sembla plus encore : c'était qu'il dépendait de moi de les faire joyeux ou tristes. Je venais de m'apercevoir, en effet, que ma volonté suffisait pour rendre tranquille et limpide, ou bien sombre et tourmenté, le lac avec l'aspect duquel s'harmoniait l'expression de votre visage... Ce fut tout, car un importun fit remonter vers le ciel ma chère rêverie effarouchée comme un bel et timide oiseau... La réflexion qui lui succéda me dit alors: « Ce beau lac, c'est ta conscience dont la pureté ou le trouble doit faire la joie et le chagrin de ton père. Fais souvent descendre tes regards jusqu'à cette conscience où l'amour filial attache une image chérie. Tu trouveras en eux un double et infaillible avertissement pour bien faire. » J'en pris aussitôt l'engagement avec moi-même, cher père, et c'est cette promesse que je veux, en guise de souhaits, vous exprimer aujourd'hui, avec la résolution de mettre à profit, pour votre bonheur, les conseils de mon sincère et respectueux amour!

5

A UNE MÈRE

Pour le premier jour de l'année ou pour le jour de sa fête.

J'ai longtemps cherché quel souhait je pourrais aujourd'hui former pour vous, sans paraître ne vous exprimer que des vœux à la réalisation desquels je suis aussi intéressé que vous-même. Chaque jour, je prie le ciel de veiller sur vos jours; mais ces jours sont si précieux pour moi, que c'est presque l'implorer en ma faveur. Je lui demande encore de vous garder de toute affliction; mais si, malgré vos vertus et mes prières, il permettait à la douleur de s'appesantir sur vous, pourrais-je ne point prendre la plus large part de votre chagrin? Mon cœur me dit tout le contraire. Ah! chère mère, c'est qu'en effet ce cœur est tout entier dans le vôtre; que, peines et

joies, vos bontés ont tout rendu commun entre eux.
Si je regrette de ne pouvoir, pour payer une faible
partie de ce que je vous dois, que former les vœux
les plus sincères, je puis, du moins, me réjouir avec
vous de cette douce union de nos sentiments qui a si
justement fait dire : « L'enfant qui prie pour sa mère
prie en même temps pour lui. »

6

A UNE MÈRE

Pour le premier jour de l'année ou le jour de sa fête.

J'ai dit aux petits oiseaux qui gazouillent sous le
feuillage : Prêtez-moi, gentils chanteurs, votre doux
ramage pour exprimer mon doux amour pour ma
chère mère! J'ai dit au ruisseau dont l'onde limpide
fuit sur son lit de cailloux blancs : Prête-moi la pureté
de ton cristal pour en faire l'image des purs sentiments que je veux témoigner à la meilleure des
mères! J'ai dit au brillant papillon, qui semble emprunter aux fleurs les riches nuances de sa robe diaprée : Prête-moi le vif éclat de tes couleurs pour
peindre ma vive et tendre reconnaissance à celle que
je chéris plus que la vie!... Et, sans écouter ma
prière, les oiseaux ont continué à sautiller de branche en branche, en égrainant leurs insaisissables
chansons; et le ruisseau a, comme une glace mou-
vante, poursuivi sa course; et le papillon s'est éloi-

gné en butinant le suc parfumé de chaque fleur!...
Alors mon pauvre cœur m'a dit tout bas : Pourquoi
ne pas te contenter de ma modeste voix? elle n'est
pas harmonieuse comme celle des chanteurs aériens;
mon langage n'a pas les fraîches couleurs que tu en-
viais aux ailes du brillant papillon, ni le pur éclat du
cristal des clairs ruisseaux; mais cette voix et ce
langage sont sincères: moins brillante que la fiction,
la vérité lui est souvent préférable... Ce cœur n'avait-
il pas raison, ma chère mère, et mes baisers ne vous
diront-ils pas bien ma profonde et inaltérable tendresse, mon éternelle gratitude?

7

A UNE MÈRE

Pour le jour de sa fête.

Je songeais au choix des fleurs que je pourrais rassembler pour composer un bouquet digne d'être, aujourd'hui, offert à ma bonne mère. Un papillon, sou-
tenu par ses ailes de gaze d'or et d'azur, voltigea près
de moi, puis, brillant comme la feuille diaprée d'une
fleur et frémissant encore au souffle léger de l'air, se
suspendit à la faible tige d'un cobéa. — Élégant papillon, lui dis-je alors, toi qui vas, de fleur en fleur,
butiner sans cesse ta nourriture douce et parfumée,
toi le familier, l'hôte et l'ami de ces charmantes productions de la nature, révèle-moi le muet langage

que leur ont donné les poëtes; apprends-le-moi, gentil lépidoptère, afin que je puisse composer avec elles une page odorante où la meilleure des mères lira, dans leurs vives et charmantes couleurs, les sentiments d'amour et de reconnaissance que je désire lui exprimer aujourd'hui. Aussitôt, il me sembla que le papillon répondait : — Prends un jasmin ou un œillet blanc, image de l'amabilité; le lis est le symbole d'un noble càractère, la douce violette l'emblème d'un mérite modeste; la fleur d'ananas dira la perfection de celle que tu veux fêter, la rose, sa beauté, et le lierre, ton affection filiale... Puis il se tut.— Les fleurs que tu viens de nommer sont bien jolies, lui répliquai-je; leur langage est doux, sans doute, mais il traduit bien faiblement la voix de mon cœur. — Je t'ai nommé, cependant, les plus belles et les plus éloquentes de mes charmantes amies. — Elles me paraissent peindre froidement des sentiments profonds. — Espères-tu parler mieux que mes jolies fleurs ? — Hélas! non, car je sens que les plus brillantes paroles seraient elles-mêmes insuffisantes pour exprimer ces tendres sentiments... Adieu, beau papillon, ma bonne mère devinera ce que nous ne pourrions lui dire, car les cœurs s'entendent entre eux... Le léger insecte s'envola, et je pris, au hasard, les fleurs qui forment ce bouquet.

8

A UN PÈRE OU A UNE MÈRE

Pour le premier jour de l'année ou le jour de sa fête.

Grâce à toi, mon cher père, je sais que le mensonge est odieux et méprisable. Jamais je ne fus plus heureux qu'en ce moment d'avoir appris à le détester et à le bannir de mon esprit ainsi que de mes lèvres. Rien ne saurait être, en effet, plus éloquent aujourd'hui, pour exprimer les vœux que je t'adresse, l'amour et le respect dont je t'offre le doux témoignage, que cette sincérité à laquelle tu peux croire, sans douter un seul instant de ma franchise. Je te dois ainsi le bonheur de pouvoir, en quelques mots, te montrer toute la tendresse que les plus longs discours ne sauraient dépeindre. Ce n'est pas là, je te l'assure, le moindre de tes nombreux bienfaits.

9

A UN PÈRE OU A UNE MÈRE

Pour le jour de sa fête.

En choisissant ce bouquet pour te l'offrir, mon cher père, je me demandais pourquoi les fleurs ont le privilége charmant et exclusif d'être l'emblème de nos vœux et de nos hommages un jour de fête. Est-ce à

cause de leurs brillantes couleurs, disais-je, de leurs suaves parfums? — Mais ceux-ci durent si peu de temps, celles-là se ternissent si vite! — Le doivent-elles, ce précieux privilége, au langage muet qu'une poétique tradition leur conserve? — Mais jamais parole fut-elle plus froide, eut-elle plus grand besoin que la leur d'être interprétée! — Enfin, leur fragilité même les a-t-elle fait choisir comme l'image de la fragilité de certains sentiments, de certaines promesses aussi brillantes que ces éclatantes productions de la nature, mais que l'on voit aussi rapidement s'oublier que la rose, le lis ou le jasmin se faner?...
— Et j'étais près de repousser mon pauvre bouquet. Puis, souriant de mes craintes chimériques, je le gardai pour les raisons mêmes qui allaient me le faire tomber des mains. En effet, ai-je alors pensé, il suffit que le parfum de ces fleurs te rappelle aujourd'hui ma tendresse pour toi, ce parfum du cœur; car mon étude de chaque jour à te plaire, et non pas la durée de quelques plantes, doit être le témoignage de cette tendresse. Je me dis encore que peu importait leur langage, car tout interprète est inutile, pour qu'ils s'entendent, entre ton cœur et le mien, le cœur d'un père et celui d'un fils aimant et respectueux; que tes yeux, enfin, sauraient bien lire dans mon âme les sentiments profondément gravés dont ces fleurs ne pouvaient se montrer que le reflet.

10

A UN PÈRE ET A UNE MÈRE

Pour le premier jour de l'année.

J'avais lu avec un plaisir extrême un livre que vous connaissez bien : *Les Aventures de Télémaque.* Cependant, en fermant ce beau livre, je ne pus retenir un soupir. « Combien, dans son malheur même, le fils d'Ulysse est heureux, me disais-je. L'égide de Minerve le protége, la sagesse de Mentor le dirige et la protection d'une déesse s'étend sur lui. Grâce à cet impénétrable bouclier, à cette profonde sagesse, à cette divine protection, il acquiert, en parcourant le monde, toutes les qualités du cœur et de l'esprit. » Je crus alors entendre le livre, — et qui serait causeur, si ce n'est un livre, puisqu'il n'est autre chose que la pensée et la parole rendues visibles pour tous, — je crus entendre, dis-je, le livre répondre à mes réflexions : « Cesse, enfant, d'envier le sort de Télémaque ; Dieu n'a pas fait pour toi moins que le vieil Olympe, cette brillante fiction des anciens poëtes, n'avait fait pour le fils du roi d'Ithaque. La tendresse et la vigilance maternelles qui veillent sur tes jeunes années sont aussi puissantes que l'égide de Minerve ; la prévoyante affection et les douces leçons d'un père ne te laissent rien à envier aux bienfaits de la sagesse de Mentor, et la bonté des parents, à l'abri de laquelle tu grandis, participe de la sollicitude divine ! » Je remerciai le livre, mes chers parents, car je compris qu'il avait mille fois raison.

12

A UN PÈRE ET A UNE MÈRE

Un petit enfant.

Pour leur papa et pour leur maman, je vois souvent mes camarades apprendre, dans un beau livre, de longs compliments. Je voulais faire comme eux; mais ils sont plus grands et plus instruits que moi. Jugez de ma peine et de mon embarras, car je ne lis pas encore couramment. Alors il me sembla entendre une douce voix qui me disait : « Petit enfant, il est en toi un livre qui t'apprendra bien plus vite et bien plus facilement que ces pages blanches et noires, ce que tu étudies en vain : ce livre, c'est ton cœur, demande-lui conseil... » La douce voix avait raison : j'interrogeai mon cœur, et, en trois mots qu'il mit sur mes lèvres : amour, reconnaissance et respect, il me fit dire à l'instant ce qu'en ce jour j'ai voulu vous exprimer, mes chers et bons parents.

13

**A UN PÈRE ET A UNE MÈRE
OU A DE TRÈS-PROCHES PARENTS**

Pour le premier jour de l'année.

L'histoire nous apprend que les premiers hommes se faisaient un devoir d'offrir à Dieu les prémices de leurs fruits. Ils remerciaient ainsi le Seigneur de leur avoir donné les semences qui fécondent la terre et de faire, chaque année, germer, puis mûrir leurs récoltes, fleurir, puis fructifier leurs arbres. Le charmant devoir que je viens aujourd'hui remplir auprès de vous, mes chers parents, pourrait, il me semble, rappeler ce saint et primitif hommage. Ce que le créateur de toutes choses a daigné faire pour la terre, vous le faites chaque jour pour mon cœur et pour mon esprit : vous y développez, avec une tendre sollicitude, les germes de vertus, d'honneur, d'amour du travail, que je tiens de vous ; chaque jour aussi vous y répandez les bienfaits de l'étude, dont vous me faites parcourir la voie fertile. Mon amour, mon respect et ma reconnaissance sont les premiers fruits de vos tendres soins. De même que les pasteurs, nos pères se plaisaient à faire hommage des prémices de leurs récoltes à leur céleste bienfaiteur, je me réjouis de vous offrir, dans ce jour, la vive expression de cet amour, de cette reconnaissance et de ce respect éternels.

14

UN JEUNE ENFANT A SES PARENTS

Pour le premier jour de l'année.

— Petit enfant, me dit tout à l'heure une voix qui me parut douce et bonne, cours vite embrasser aujourd'hui tes bons parents..... Et je m'empressai de vous chercher. — Hâte-toi, ajouta une nouvelle voix intérieure comme la première, mais cependant moins agréable à entendre, hâte-toi d'aller recevoir les cadeaux que ce beau jour t'apporte..... Je m'arrêtai alors pour réfléchir, et je me demandai : Quel est donc ce jour où l'on entend parler en soi ces voix mystérieuses ? Aussitôt, la seconde des deux répondit : — Cette journée est le premier jour de l'an, c'est la fête des bonbons et des jouets. Réjouis-toi, petit enfant, c'est le plus beau jour que tu puisses rêver.... Cette réponse me causa un certain plaisir, j'en conviens, mais elle ne m'inspira pas toute la joie qu'elle semblait vouloir faire naître dans mon esprit. Bientôt, la première voix, la bonne, reprit à son tour : — C'est le jour des tendres épanchements, des doux témoignages d'amour et de respect, c'est la fête des cœurs pour les enfants qui chérissent leurs parents..... Alors mon cœur bondit de bonheur, et je suis venu tout courant et joyeux vers vous, mon cher père et ma chère mère, afin de célébrer cette fête charmante. Avant de se taire, les deux voix m'ont appris leur nom : — Je suis l'amour filial, m'a dit celle-ci... — Je m'appelle égoïsme, a murmuré celle-là. Ah! je vous proteste que ce n'est pas à cette dernière que j'obéis en ce moment, ni que j'obéirai jamais; mais la première sera toujours celle que j'écouterai avec bonheur.

15

A UN PÈRE ET A UNE MÈRE

Pour le premier jour de l'année.

Les poëtes, dans leurs ingénieuses fictions, nous parlent d'un livre où se trouve écrite d'avance l'histoire de l'avenir. S'il pouvait être permis de consulter ce livre imaginaire, dans lequel il ne serait possible qu'aux regards célestes de pénétrer, ce serait assurément lorsqu'un nouvel an vient de naître que l'on éprouverait la tentation d'en interroger les pages prophétiques. Sans rien emprunter à l'art menteur des devins et des pythonisses, je puis, cependant, chers parents, tirer, sur certain sujet bien doux à mon âme, un sûr horoscope de l'année qui commence aujourd'hui. C'est qu'il est un livre, bien préférable au livre poétique dont je parlais, où vous m'avez appris à lire sans me tromper : ce livre est votre cœur, et ce que je vois dans le mien complétera ma douce prophétie. Oh! sans doute, ce petit oracle ne vous paraîtra point douteux, et il ne me faudra pas beaucoup de magie pour vous prédire que ma tendresse ainsi que ma gratitude ne cesseront de s'élever à la hauteur de votre affection et de vos bienfaits; que mon amour du bien, mes efforts constants à ne mériter que votre approbation, seront les fruits précieux de vos sages leçons, de vos excellents exemples; enfin que ma plus chère envie, ma première étude, n'auront d'autre objet que d'assurer votre bonheur en vous donnant tous les sujets d'être fiers d'un fils qui saura se montrer ainsi digne de vous, de vos conseils, de votre amour.

16

A UN PÈRE, A UNE MÈRE OU A D'AUTRES PARENTS

Pour obtenir le pardon d'une faute.

Mon cher père, je retombe souvent dans la même faute, et cependant tes sages conseils me la font détester, et ta tendre indulgence me rend tout honteux de ma faiblesse. Je viens encore te prier aujourd'hui de m'accorder ton pardon. Ma conduite justifiera désormais ta bonté. Et pour te prouver que cette fois je ne te fais point une vaine promesse, je vais te dire une réflexion qui m'est venue sous forme d'apologue, et qui pourra la sceller à tout jamais dans mon esprit... Sur mon beau pantalon j'aperçus l'autre jour une tache, et il me parut tout gâté; cependant, c'était la seule, car tout le reste de l'étoffe avait encore sa fraîcheur. Je me dis à cette heure : Ce qu'une tache peut faire pour ce vêtement, un défaut, ne le fait-il pas aussi pour notre cœur et pour notre esprit, et ne suffirait-il pas pour ternir toutes leurs belles qualités, n'eussions-nous que celui-là? « Oui, oui, » me répondait une voix intérieure, écho de tes conseils. Je pris aussitôt une si ferme résolution de me corriger, que je puis sans crainte t'assurer que je tiendrai cet engagement.

17

A UN GRAND-PÈRE

Pour le jour de sa fête ou pour le premier jour de l'an.

Permettez-nous aujourd'hui de vous exprimer, sous la forme d'un modeste apologue, les sentiments que l'amour et le respect ont gravés pour vous dans notre cœur. Cet apologue s'est tout naturellement présenté à notre esprit; le voici, cher grand-père : Le serviteur d'un homme qui possédait un bois disait à son maître, en lui désignant un arbre magnifique : « Il faut abattre ce chêne; c'est le plus ancien de nos arbres; la vente de son bois vous rapportera une grosse somme d'argent. » — « Gardons-nous-en bien, répondit le maître; ne voyez-vous pas les arbustes encore frêles qui poussent non loin de ce vigoureux centenaire du règne végétal? Vingt fois de l'orage soutenant la furie, il a protégé leurs jeunes tiges contre les efforts des vents impétueux, les dangereuses atteintes de la grêle, cette blanche mousqueterie du ciel irrité ; sa tête même, cicatrisée par la foudre qu'il a souvent empêchée d'arriver jusqu'à eux, montre assez tout ce qu'ils lui doivent. » Ainsi parla le maître, et l'arbre séculaire étend encore au-dessus du sol ses rameaux protecteurs. Les bienfaits de ce chêne tutélaire pour les jeunes arbustes, nous rappellent vos soins et vos bontés pour nous, grand-père ; et la parole du maître juste et sage qui le laissait vivre, ne pourrait-on pas la comparer à l'esprit de Dieu qui vous conservera longtemps à notre tendresse ?

17

A UN GRAND-PÈRE

Pour le premier jour de l'année ou le jour de sa fête.

Un écrivain de beaucoup d'esprit, un de nos poëtes modernes, que j'entendais citer, a dit, cher grand-père : « Pour être dispensés de mourir la veille, il faut avoir quelque obligation à remplir le lendemain. » Ces paroles semblent n'offrir à l'esprit qu'un ingénieux paradoxe; cependant, il est permis d'y découvrir une de ces secrètes inspirations que le ciel envoie aux intelligences d'élite pour nous révéler quelques-unes des mille faces de la bonté divine. Il m'a paru, pour moi, que le véritable sens de ces mots était celui-ci : Dieu réserve de longues années aux hommes qui savent dignement remplir la sainte ou utile mission confiée à leur force ou à leur sagesse, à leur esprit ou à leur cœur. Confiant dans sa juste bonté, c'est donc avec la plus douce espérance de voir mes vœux comblés que je lui demande de prolonger pendant bien longtemps encore vos jours précieux et chéris. Qui mieux que vous, en effet, cher grand-papa, remplit la paternelle mission dont nous avons recueilli, dont nous récoltons tous les jours les inappréciables fruits ? Votre inépuisable bonté vous fait sans cesse, et pour notre bonheur, reculer les limites de cette tendre et bienfaisante mission ; il n'est pas, enfin, d'avenir si éloigné que votre profonde sagesse ne doive encore, dans cet avenir, nous la rendre bien précieuse. Oui, cher grand-père, tant de vertus dont vous nous donnez l'utile exemple, sont pour nous le gage certain du long temps que nous aurons encore à vous chérir et à bénir vos bienfaits.

18

A UN GRAND-PÈRE

Pour l'anniversaire de sa naissance.

J'ai quelquefois entendu des personnes dire qu'elles s'affligeaient en songeant qu'elles cesseraient d'être jeunes. Ces personnes-là, mon cher grand-père, me paraissent bien peu raisonnables. Pour moi, le cours des années, dont nul ne saurait arrêter la marche, n'aurait rien de regrettable s'il pouvait me donner, comme à vous, cette couronne de cheveux blancs dans lesquels chacun respecte le signe d'une longue et belle vie; s'il devait aussi mettre sur mon visage cet air de calme et de modeste satisfaction dont le doux sentiment d'avoir toujours fait le bien embellit vos traits vénérables. Ce qui, surtout, me ferait ne redouter en rien la marche du temps, ce serait l'espoir qu'elle donnerait à mon esprit un peu de la solide expérience, de la féconde sagesse dont elle a doté le vôtre, et que l'on pourrait comparer à un bouclier d'or et de diamant sous la protection duquel nous avons grandi. Ce jour qui commence l'année près de s'ajouter à celle dont votre existence s'est ainsi enrichie, ce jour anniversaire de celui où vous êtes né, ne peut être pour nous qu'un jour de fête et de bonheur; pour vous, une journée de noble et légitime orgueil.

19

A UNE GRAND'MÈRE

Pour le premier jour de l'année.

Une nouvelle année commence, bonne grand'mère. Elle sera douce et heureuse pour nous, car nous avons le ferme espoir qu'elle ne se terminera pas sans que nous puissions remercier le ciel de vous avoir accordé la plupart des biens que nous lui demandons aujourd'hui pour vous. S'il daignait mesurer le nombre de vos jours au nombre de vos vertus, ils seraient infinis ; la durée de votre précieuse existence à l'étendue de notre affection et de notre gratitude, elle serait éternelle. L'équitable balance de Dieu ne semble-t-elle pas peser ainsi votre destinée, chère grand'mère, puisque au bonheur de vous renouveler en ce moment les témoignages de notre amour filial, il nous permet de joindre l'espérance de vous voir longtemps encore les recueillir avec cette tendre bonté qui ajoute un bienfait constant aux bienfaits passés. Non, non, cette espérance ne sera pas déçue : la voix la plus sincère vous l'affirme, le meilleur des oracles vous le prédit ; c'est la voix de notre tendresse, c'est l'oracle du cœur qui nous le disent : nos vœux les plus chers seront comblés.

19

A UNE GRAND'MÈRE

Pour le jour de sa fête ou pour le premier jour de l'an.

Chère grand'maman, vous me traitez encore en petit garçon. Je le confesse, cela pique parfois mon petit amour-propre ; mais je ris bientôt de ma sottise. Quelle indulgente bonté ne vous faut-il pas pour vous faire excuser, en les attribuant à mon jeune âge, les défauts dont vos précieux conseils me corrigeront. En vérité, je suis bien heureux que vous me regardiez comme un petit garçon pour me les pardonner. Sans cela, comment votre haute sagesse jugerait-elle mon étourderie? Malgré ces raisons de me faire tout petit, je sens cependant quelque chose en moi qui me dit que, sur certain point, je ne suis plus un enfant capricieux, étourdi, inintelligent. Ce que c'est, oh! vous le devinez bien, chère grand'maman... oui, oui, vous avez déjà compris que c'est la respectueuse tendresse dont je suis si heureux de vous renouveler aujourd'hui les vœux, l'expression et l'hommage. Sur ce point-là, je me fais un louable orgueil de n'avoir plus besoin de la douce indulgence dont je ne pourrais me passer sur tant d'autres. Si l'on devait, en effet, juger du nombre des années par la grandeur des sentiments semblables à celui dont je parle, chère grand'maman, je devrais être aussi vieux que le fut la Belle au bois bormant, lorsqu'elle se réveilla après son sommeil de cent ans.

20

A UNE GRAND'MÈRE

Pour vous cueillir un bouquet, chère grand'mère, nous courions, indécis et avides de fleurs, d'un arbuste à l'autre. Enfin, un gros rosier fixa notre attention : aussitôt, toutes nos mains se tendirent vers lui pour le dépouiller de ses belles odorantes productions. Nous avons remarqué alors, au sommet de la tige de l'arbuste, une rose courbée sous le poids de ses pétales, plus épanouies que celles de toutes les autres fleurs, au milieu desquelles elle semble trôner comme une reine. Puis, nous avons cru entendre cette rose qui nous disait : « Ne me séparez point de ces jeunes fleurs. J'ai vu naître chacune d'elles sur la tige d'où j'étais sortie moi-même, bien avant que la dernière de toutes se fût élancée du bouton qui lui servit de vert berceau. Vous le voyez, je suis bien vieille, mes enfants ; bien vieille, en effet, car je suis née il y a bientôt un mois... Un mois, c'est un très-grand âge pour les roses ! Le soleil m'a donc faite comme l'aïeule de celles que vous admirez autour de moi ; elles me forment une famille bien-aimée ; il me semble qu'elles ont emprunté à mes parfums au milieu desquels toutes sont écloses, et chacune d'elles s'est épanouie ; il me semble, dis-je, qu'elles ont emprunté à mes parfums leurs propres parfums. Dans le vif éclat de ces jeunes roses, je crois retrouver l'éclat de mes couleurs qui pâlissent, et la séve ne me paraît monter plus lentement à mon cœur que pour aller vers elles plus vive et plus abondante ; il m'est doux de me voir ainsi revivre en elles... Bonnes petites filles, ne me séparez pas de mes bien-aimées petites-filles... » Longtemps notre imagination écouta parler la rose grand'maman ; car nous pensions qu'ainsi vous pourriez parler, chère grand'mère. Comme elle, vous nous avez vus naître pour vous former une famille chérie ; et vos vertus, dont vous nous offrez le constant exemple, de même que ses parfums lui semblaient parfumer ses petites-filles, nous apprennent à être vertueuses. Puissiez-vous comme elle, enfin, croire un jour vous voir renaître en nous !... Nous avons alors répondu à la rose : « Rassurez-vous, bonne grand'maman, loin de vous séparer de vos enfants chéris, nous voulons vous rassembler toutes en un bouquet au milieu duquel vous brillerez encore, puis nous vous donnerons à notre grand'mère vénérée, à nous. De même que vous serez toutes réunies dans ce bouquet, un double lien, que rien ne pourra briser, vous le rappelera à la nôtre ; un double lien nous attache à elle : le respect et l'amour. »

21

A UN GRAND-PÈRE OU A UNE GRAND'MÈRE

Pour le premier jour de l'an ou pour le jour de sa fête.

Je rêvais, en me promenant, au compliment que je voulais vous adresser aujourd'hui. De quelle manière, me disais-je tout haut, cher grand-père, pourrai-je vous exprimer combien je vous aime ? » Une voix distincte, qui semblait répondre à la mienne, répliqua aussitôt : *Je vous aime !...* La surprise me fit rester un instant muet. Puis, enchanté de trouver ainsi un invisible conseiller, je repris : « Eh quoi ! est-ce assez de ces simples paroles, et croirai-je que pour peindre ma tendresse à mon cher grand-père elles suffiront? J'entendis immédiatement la voix mystérieuse répondre : *Elles suffiront!...* « Tu penses donc, obligeante voix, que les sentiments d'amour et de respect que ma bouche essaierait en vain de lui dépeindre bien, il les devinera ? Et la voix, sur-le-champ, de repartir : *Il les devinera!...* Elle me parut sincère et bien inspirée ; je résolus de m'en tenir à ses conseils. Or, je viens d'apprendre, cher grand-père, que cette voix n'était autre que celle de l'imaginaire divinité désignée par la mythologie sous le nom d'*Écho*. Le hasard, ou plutôt la bonté de Dieu, qui se révèle dans les plus petites choses, avait voulu que je répondisse à mes propres questions. Mais comme ma bouche n'était elle-même que l'écho de mon cœur, votre amour verra, j'en suis certain, dans la sincérité de ces simples mots : « Je vous aime, » toute la respectueuse tendresse que vous avez su m'inspirer.

22.

A UN GRAND-PÈRE ET A UNE GRAND'MÈRE

Pour le premier jour de l'année.

J'ai souvent entendu, cher grand-papa et chère grand'maman, des personnes dire : « Ce fut pour moi un bien beau jour! » Ou bien encore : « Cette journée sera la plus belle de ma vie. »

Consultant mes souvenirs, puis interrogeant mes espérances, je me demandais ce que c'était qu'un beau jour : Est-ce, me disais-je, une de ces radieuses journées de printemps, d'été ou d'automne, pendant lesquelles il nous est donné d'aller butiner les fleurs brillantes qui émaillent le vert manteau des prairies, les fruits vermeils ou dorés dont le soleil a enrichi ses arbres bien-aimés ; une de celles où nous nous voyons assis à une table étincelante de cristaux et sur laquelle mille friandises excitent et satisfont délicieusement notre gourmandise ; une de celles où les jeux de toutes natures nous sont permis ? est-ce enfin une journée de repos ou de plaisir ? Et j'étais, je l'avoue, un peu embarrassé pour répondre à ces questions... Aujourd'hui, chers grands-parents, je n'ai plus aucun doute à cet égard. Je le sens, le plus beau jour est celui où notre cœur peut, avec effusion, exprimer à un bon grand-père et à une excellente grand'mère, les sentiments de tendresse et de respect qu'il leur conservera éternellement.

23

A UN GRAND-PÈRE ET A UNE GRAND'MÈRE

Pour le premier jour de l'année.

On a mille fois raison, chers grands-parents, de louer la sincérité. J'ai souvent entendu dire que c'était une des plus aimables qualités, mais elle ne me sembla jamais aussi précieuse qu'elle me paraît l'être aujourd'hui. Elle peut, en effet, me tenir lieu de l'éloquence qui me manque, et elle vaut mieux, en cette circonstance, que les plus beaux discours. De quelque manière que je les exprime, mes vœux ne vous seront-ils pas agréables, en effet, si vous savez qu'ils sont sincères. Votre cœur que je prends pour caution vous dira, chers grand-père et grand'mère, que ces vœux sont la plus douce et la plus franche expression des sentiments inaltérables de tendresse et de respect que vous m'avez inspirés.

QUATRIÈME PARTIE

COMPLIMENTS EN PROSE

POUR

BEAUX-PÈRES, BELLES-MÈRES, ONCLES, TANTES, PARRAINS, MARRAINES

AUTRES PARENTS, ETC., ETC.

1

A UN BEAU-PÈRE

Pour le jour de sa fête ou pour le premier jour de l'année.

Votre affection et vos bontés m'ont rendu, — il m'est bien permis de m'exprimer ainsi, — le père qui avait été enlevé à mon amour et à mon respect. Un miracle seul pouvait le faire revivre : votre cœur, par un prodige de tendresse et de dévouement, a fait ce miracle. J'ai vu renaître et je retrouve en vous celui que j'étais condamné à pleurer toute ma vie. Vous avez accepté, comme un saint héritage, cette tâche paternelle qu'il lui eût été si doux de remplir entièrement; ce qu'il eût fait pour moi, vous l'avez réalisé, vous l'accomplissez tous les jours. Il semble que, pour me chérir encore, son cœur ait passé dans le vôtre, et que Dieu ait légué à votre esprit cette sage et instinctive prévoyance qui est comme la sanctification du nom de père. Je puis donc, sans efforts et sans illusion, vous donner ce nom doux et sacré. Dans les vœux que je forme aujourd'hui pour vous, dans l'hommage affectueux que je vous adresse, j'aime à le répéter avec un respect, avec un amour filial. Puissent ces vœux sincères vous paraître un témoignage de ma gratitude profonde, cet hommage un faible tribut offert à vos bontés; puisse enfin votre âme généreuse être satisfaite de ce que la mienne est heureuse de vous donner d'affection et de reconnaissance en échange de vos paternels bienfaits.

2

A UN BEAU-PÈRE

Pour le premier jour de l'année ou le jour de sa fête.

Je viens vous exprimer les sentiments d'un fils tendre et respectueux. L'affection toute paternelle dont vous ne cessez de me donner des preuves, les soins éclairés que je vous dois, me font une loi, — et je ne connais pas de plus douces obligations, — de prendre, de mériter, de bénir ce titre. Vos bontés pour moi me le commandent; mais mon cœur est jaloux de ne pas attendre qu'elles lui rappellent sa dette. Quelque nombreuses qu'elles aient été, quels que fruits précieux que j'en retire chaque jour, elles me semblent moins encore m'avoir donné un père en vous que ne l'a fait l'inappréciable tendresse qui vous les inspire. De même, je me sens bien plus votre fils par l'entraînement de mon cœur que par la loi de vos bienfaits. Le temps, quelquefois, dit-on, rend moins étroits les liens formés par la reconnaissance : les années ne font que resserrer la douce chaîne de l'amour filial. Cette chaîne est désormais celle qui m'unit à vous. Dieu seul pourrait la briser. Ce Dieu juste et bon entendra mes vœux ; il me conservera votre affection et saura me préserver de me montrer jamais indigne d'une tendresse dont la perte me ferait une seconde fois orphelin.

3

A UNE BELLE-MÈRE

Pour le premier jour de l'année ou le jour de sa fête.

Le respectueux et doux hommage de vœux sincères que je vous offre en ce moment est le tribut d'amour et de reconnaissance dont un fils est si heureux de pouvoir s'acquitter envers une mère chérie. Je ne dois pas, en effet, un sentiment moins tendre à vos bontés, à votre affection maternelle. Ce qu'il m'eût été permis d'attendre de la meilleure des mères, vous le faites pour mon bonheur. Que dis-je? n'en êtes-vous pas une pour moi! Après avoir voulu en prendre le titre aux yeux de Dieu et des hommes, vous vous êtes sans cesse appliquée à me le faire chérir et révérer ; vous l'avez attaché pour toujours à cette sainte maternité du cœur qui est votre seul ouvrage. Avec quelle effusion je sens, en retour, que je me suis donné à vous. Vous m'avez aimé par bonté ; le vœu le plus cher parmi ceux que je forme aujourd'hui, est que mes actions, ma gratitude, ma tendresse constante, affermissent et justifient votre précieuse affection. Le ciel, vers lequel mes prières ne s'élèvent jamais sans porter votre nom, m'en offrira les moyens ; j'en chercherai le secret dans vos sages conseils, l'occasion dans mon désir persévérant de vous être agréable, la force dans mon cœur appuyé sur le vôtre. Puissiez-vous, dans mes efforts pour atteindre ce but envié, trouver une douce récompense de vos maternels bienfaits, comme j'y verrai sans cesse le devoir le plus sacré à remplir.

4

A UNE BELLE-MÈRE

Pour diverses circonstances.

Grâce à vous, le doux nom de mère est un mot que ma bouche n'a pas désappris à invoquer sur cette terre. Après être montés au ciel, où demeure désormais celle dont le Seigneur m'avait fait l'enfant, mon amour filial et mon tendre respect peuvent redescendre ici-bas, où ils trouvent un cœur ouvert à leur effusion. Ainsi, je le dois à vous, ma chère belle-mère : bien des jours que le souvenir de celle qui n'est plus aurait rendus sombres et douloureux, se sont transformés en jours de souvenirs saints et vénérés. Vos mains bienfaisantes ont rattaché pour moi le fil brisé de cet amour filial dont j'ai parlé. Je vous prie donc, aujourd'hui, de recueillir les témoignages de cet amour. Il s'est sanctifié au milieu des souvenirs sacrés où se complaît mon cœur, et n'en est devenu que plus digne de vous.

5

UN PETIT ENFANT

A son frère aîné.

Tu es presque un homme, mon grand frère, et je suis un tout petit enfant ; on ne te menace plus du pain sec, cette sévère punition qui m'a tant de fois fait désirer que l'on remplaçât, dans les repas, le pain par la brioche, car alors la pénitence me semblerait beaucoup moins grande. Tu es instruit, et je suis encore un ignorant ; tu écris sans mettre sur ton papier de ces taches noires que je ne ferais pas si on avait eu l'esprit de faire l'encre blanche ; on dit aussi que

tu pourrais, si tu le voulais bien, lire tout l'alphabet
à l'envers. J'avais donc bien raison de le dire : tu es
un savant, et je ne sais presque rien. Eh bien, mon
cher frère, il est une chose que tu ne pourrais m'apprendre, toi qui m'as si souvent donné des leçons;
cette chose, je vais te la dire bien vite, car je crois
que tu la devinerais : c'est le moyen de t'aimer plus
et mieux que je ne t'aime, tant est grande et sincère
mon affection pour toi.

6

A UNE SŒUR AINÉE

Pour le premier jour de l'année, pour sa fête, etc.

Je me suis souvent chagrinée, ma chère sœur, de
ne pouvoir te prouver combien je suis touchée de la
tendre bonté dont tu m'as donné tant de preuves.
Sans être jalouse de toi, ce qui serait pour moi un
sujet impardonnable de confusion, j'ai envié souvent
cette sagesse, cette taille, qui te rendent presque pareille à notre chère mère. Si elles m'eussent tout à
coup été données, j'aurais désiré alors te voir devenir
aussi petite et aussi étourdie que je le suis encore.
Je me serais faite aussitôt ta seconde mère, comme tu
te plais à te faire la mienne. Je t'aurais aimée et
grondée, chérie et mise en pénitence, ainsi que je fais
à ma belle poupée. Oh ! tu aurais été bien heureuse,
je te le promets. Mais cela n'est pas possible, car je

vois que je ne grandis que tout doucement, et je ne m'aperçois pas que tu deviennes petite. Heureusement, il est venu à mon esprit une autre idée qui m'a consolée de ce que celle-là ne pouvait pas se réaliser. Je me suis dit que tu avais beau être plus grande et plus raisonnable que moi, tu ne pourras pas, quoi que tu imagines, faire avec ta bonté plus que je ne saurais faire avec mon cœur : ce sera de te montrer toujours une affection aussi grande que ta douce sollicitude.

7

A UN ONCLE

Pour le premier jour de l'an ou le jour de sa fête.

Souvent j'ai vu, dans un jet de cristal qui s'élevait au-dessus de quelque élégant bassin, un rayon de soleil se briser comme les feux jetés par un diamant. Il m'a semblé qu'à ce rayon de soleil on pouvait comparer l'amour filial. Tous deux, en effet, ne viennent-ils pas du ciel ? Quelque grand qu'il soit, ce ne serait pas, je crois, leur seul motif de ressemblance. Vous l'avez deviné déjà, mon cher oncle, il en est un autre encore dont je trouve aujourd'hui la douce occasion de vous parler. De même que ces rayons d'or qui semblent les saints baisers du ciel à la terre, se composent d'un faisceau de couleurs diverses, ainsi l'amour filial renferme des nuances, des éléments divers et confondus dans ce sublime sentiment. Si quelque pur cristal pouvait, à son tour, le décomposer à vos yeux, ils verraient, entre autres éléments sacrés, briller, dans le doux rayonnement de mon âme, le respect et l'affection auxquels vous avez des droits si légitimes, et qui sont tout à la fois pour moi un pieux devoir et un inaltérable bonheur.

8

A UNE TANTE

Pour le premier jour de l'année ou le jour de sa fête.

Vous m'avez chéri comme un fils ; vous avez sans cesse montré pour moi une indulgence toute maternelle : je serais donc bien ingrat, ma chère tante, si je ne ressentais pour vous des sentiments pareils à cette affection sainte, à ce pieux respect, dont le ciel nous fait un devoir envers ceux de qui nous tenons l'existence. Un devoir! ce mot peint-il bien la cause des tendres mouvements dont je vous offre ici la sincère expression, le si légitime hommage? Quelque sacrée que soit cette divine obligation du sang, il me semble qu'en vous la témoignant je cède à l'irrésistible entraînement de mon cœur plus encore que je n'obéis à la douce lettre de la loi qu'elle nous impose. Vos bontés n'ont-elles pas, en effet, resserré, pour les rendre aussi étroits qu'ils peuvent l'être, les liens de parenté que la Providence a voulu mettre en nous?

A l'affection qu'il m'était permis d'attendre de vous, n'avez-vous pas ingénieusement ajouté une autre affection qui en a multiplié les fruits, comme les rayons du soleil multiplient les grains d'or que la vigne attache à ses douces grappes. Ah ! puissé-je être aussi ingénieux à vous témoigner ma tendresse qu'ainsi vous l'avez été vous-même à augmenter sans cesse les motifs que j'ai de vous chérir. Voilà mon vœu le plus ardent. Le ciel ne m'avait fait que votre neveu, votre tendre sollicitude a fait de moi comme un fils pour vous : tel sera mon éternel souvenir.

9

A UNE TANTE

Pour le jour de sa fête.

Ce bouquet modeste que j'ai tant de plaisir à vous offrir, ma chère tante, m'a paru être, d'une certaine manière, l'image de mon cœur. Voyez : il contient des fleurs de différentes sortes, et cependant leurs senteurs se confondent et ne forment qu'une seule essence. Semblable au doux parfum qu'elles répandent ainsi, un ineffable sentiment s'échappe sans cesse de ce cœur : c'est ce tribut de tendre et respectueuse reconnaissance que nous devons à ceux de qui nous tenons la vie. Des émanations de l'âme il est la première, la plus pure, la plus suave. Ainsi que plusieurs aromes se réunissent dans la délicieuse odeur de mon humble bouquet, de même, ma chère tante, se confond dans ce sentiment, supérieur à tous les autres, la tendresse qui m'attache à vous, non moins que les doux liens du sang.

10

A UN ONCLE OU A UNE TANTE

Pour le premier jour de l'année ou pour le jour de sa fête.

Les liens du sang qui m'attachent à vous peuvent sembler non moins sacrés que ceux par lesquels Dieu unit l'enfant à son père ou à sa mère. Malgré tout le respect que m'inspire cette douce chaîne de parenté et le bonheur que j'y trouve, ce n'est pas d'elle, cependant, que je veux vous parler aujourd'hui. Il en est une autre non moins indestructible dont je me plais chaque jour à resserrer les anneaux : c'est l'affection filiale qui, pour vous, se réunit dans mon cœur, et restera éternellement liée à l'amour naturel dont le ciel m'avait fait une loi. Elle est née des seules bontés dont vous m'avez rendu le constant objet. Je l'appellerais reconnaissance ou de tout autre nom semblable, si les mots, — ah ! je le sens à cette heure, — ne qualifiaient mal, en les amoindrissant, ces grands sentiments dont le nom reste gravé dans notre âme comme pour les y sceller à jamais. La voix qui ne peut leur donner un nom n'est pas moins impuissante à les bien exprimer. Mais s'il est entre les cœurs un muet langage plus éloquent que les langues les plus riches et les plus harmonieuses, je n'ai plus que mes baisers à ajouter à ces modestes paroles.

11

A UN ONCLE OU A UNE TANTE

Pour le premier jour de l'année ou pour le jour de sa fête.

J'ai dit à mon cœur : « Cherche dans ta respectueuse affection un joli compliment pour mon cher oncle, un compliment tout nouveau. » J'ai alors entendu mon cœur murmurer en moi mille choses des plus tendres, que je pense tous les jours et vous ai dites souvent, bien des vœux que je forme pour votre bonheur et que je n'ai jamais manqué l'occasion de vous exprimer. « Mais, ai-je repris, tout cela n'a rien de nouveau, et si tu n'es pas plus inventif, je prendrai à l'avenir un autre conseiller. » Aussitôt il m'a semblé l'entendre me répondre : « Garde-t'en bien ; tu ferais une sottise, car la sincérité des paroles que je mets dans ta bouche leur donne plus de prix que ne le feraient l'élégance et la forme des discours les plus nouveaux. Les tendres sentiments que je t'ai appris à exprimer n'ont point changé ; pourquoi mon langage ne serait-il pas le même ? Ce que je te dis aujourd'hui, je te le dirai toujours, et ton bon oncle ne cessera pas d'avoir du plaisir à l'entendre. » Ainsi parla ce cœur dont je viens d'interpréter le véridique langage ; je pensai qu'il avait raison, et je crois voir dans vos yeux, mon cher oncle, que nous ne nous sommes trompés ni l'un ni l'autre.

12

A UN PARRAIN

Pour le jour de sa fête ou le premier jour de l'année.

Un lien sacré m'attache à vous, un lien que votre bonté seule a formé. Dès ma naissance, vous acceptiez devant Dieu l'engagement d'être pour moi un second père. Cette dette du passé, combien je serais heureux de vous la payer dans le présent et dans l'avenir! L'amour respectueux et filial que je réserve pour vous, permettez-moi de vous l'exprimer aujourd'hui, me dit que, du moins, mon cœur ne sera pas ingrat. Sentir le prix de l'adoption religieuse à laquelle je dois le bonheur de vous appartenir par le titre si doux de filleul, c'est prendre avec moi-même l'engagement de justifier la généreuse confiance qui me l'a fait donner par vous. Elle a jadis plaidé pour moi dans votre cœur ; c'est à ma tendresse à lui donner gain de cause désormais : douce cause que pèsera la balance de Dieu dans les divins plateaux de laquelle vous avez mis, d'un côté, votre bonté, et où je veux, de l'autre, placer mon inaltérable affection.

13

A UN PARRAIN

Pour le jour de sa fête ou le premier jour de l'an.

En joignant un nom, un des vôtres, à celui que je devais porter, vous avez, si je puis m'exprimer ainsi, consacré en moi le souvenir constant, ineffaçable, d'un premier bienfait. Au sentiment de gratitude que j'éprouve et que je suis heureux de vous exprimer aujourd'hui, s'ajoute un autre sentiment non moins précieux pour moi : le désir de me montrer digne de ce nom que j'ai reçu de vous. C'est à vous, mon cher parrain, que je devrai encore le secret d'y réussir. Que pourrai-je, pour cela, faire mieux, en effet, que de chercher en vous un doux et parfait modèle de ce que je dois être. Votre exemple n'est-il pas la leçon continuelle et vivante qu'il me sera permis d'étudier pour devenir un homme de bien, d'honneur et de mérite? Tel est, mon cher parrain, le plus cher des vœux que je forme pour répondre, autant que j'ose l'espérer, au vœu solennel que vous avez bien voulu prononcer pour mon bonheur, de me donner en vous un second père.

14

A UNE MARRAINE

Pour le jour de sa fête ou le premier jour de l'année.

Vous m'avez, ma chère marraine, donné un joli nom que j'aime beaucoup et dont je suis fière, parce que vous le portez comme moi. Vous m'avez donné... mais il serait bien long de compter tout ce que je vous dois, tellement long que, si je voulais le rappeler ici, je serais presque vieille lorsque j'arriverais au bout de mon petit compliment. Malgré tant de faveurs reçues de vous, il est cependant quelque chose encore que j'eusse voulu pouvoir attendre de vous. Bien que vous deviez me trouver on ne peut plus ambitieuse, je suis certaine que vous me l'accorderiez dès qu'il dépendrait de vous de me le donner: ce sont vos vertus, vos talents et votre sagesse. Mais n'est-ce pas beaucoup déjà que de pouvoir les admirer en m'inspirant de vos belles qualités et de tout ce qui peut, en vous, me rendre meilleure? S'il ne m'est pas permis de concevoir l'espérance que vous puissiez, malgré votre bonté infinie, me donner le moyen de les égaler, ne croyez pas pour cela que je sois ingrate. Je suis trop pauvre de mérite, il est vrai, pour être digne par ces qualités de la faveur précieuse que je vous dois; mais je sais que votre indulgente affection m'élève jusqu'à vous, et je me sens assez riche de tendresse pour que mon cœur puisse, chaque jour, payer au vôtre sa dette de reconnaissance et de respectueux amour.

15

A UNE MARRAINE

Pour le premier jour de l'an ou pour le jour de sa fête.

Autant que la fée, marraine de Cendrillon, vous êtes bonne, ma chère marraine. Secondée par votre cœur excellent, peut-être seriez-vous aussi puissante que cette fée l'était avec le secours de la baguette d'or. Je ne songe cependant pas à vous prier de faire pour moi ce qu'elle fit pour sa belle et douce filleule. Je n'ai, en vérité, nulle envie que vous transformiez un gros rat, afin de me le donner pour cocher; je n'ambitionne point un atelage de petites souris changées en chevaux; les lézards verts auxquels un coup de baguette donne la figure de grands laquais, ni le magnifique carrosse magiquement taillé dans une citrouille, ne me tentent, je vous l'assure. Mes désirs ont un but infiniment plus modeste, mais beaucoup plus doux aussi à mon cœur : croyez à la sincérité des vœux que je forme aujourd'hui pour votre bonheur; ne doutez jamais de ma profonde et respectueuse tendresse; conservez-moi votre précieuse affection, et vous me rendrez plus heureuse cent fois que ne le fut Cendrillon au petit pied.

16

A UN TUTEUR

Pour le jour de sa fête ou pour le premier jour de l'année.

Lorsqu'on m'apprit que j'allais devenir votre pupille, je demandai ce qu'il fallait entendre par ce titre de tuteur que vous veniez d'accepter. On me répondit, je crois, qu'il faisait revivre en vous le pouvoir paternel duquel je venais, tout enfant, hélas! d'être affranchi. Je vis alors en vous, mon cher tuteur, un maître sévère, et j'éprouvai un sentiment de crainte. Bientôt je pus connaître la constante et ferme sollicitude que vous mettiez à veiller sur moi ; il me fut permis d'apprécier la sagesse de vos conseils, la prudence inébranlable qui présidait aux décisions dont je ne tardais pas à recueillir le fruit. Répondant alors à la question que j'avais d'abord adressée à ceux qui m'entouraient, la raison me dit : « Un tuteur est un ami dévoué, » et la première impression de crainte que j'avais ressentie se changea en un juste sentiment de respect pour votre noble caractère, de reconnaissance pour vos sages bontés. Aujourd'hui, quand vous m'avez donné tant de motifs de vous chérir ; maintenant que votre affection éclairée me semble un des biens les plus précieux, et que je puisse envier toujours... aujourd'hui mon cœur me répond : « Un tuteur est parfois un second père... » Permettez-moi de vous donner en ce moment un titre auquel vous avez des droits si légitimes ; il résumera sur mes lèvres reconnaissantes tous les sentiments d'affection, de respect et de gratitude que je voulais vous exprimer.

17

A UN TUTEUR

Pour le premier jour de l'année ou le jour de sa fête.

Combien il y a de consolation et de vérité dans cette pensée que Dieu, même dans les épreuves les plus douloureuses auxquelles la vie humaine est soumise, fait percer un rayon de son inépuisable bonté. Sans cesse elle nous apparaît comme l'orbe céleste de cet arc de rédemption dont les divines nuances illuminent tout à coup le ciel le plus sombre. Ne dois-je point, en effet, à cette bonté, votre tendre sollicitude, et n'est-elle pas venue suppléer à cette vigilance paternelle qui a cessé d'être mon égide sur la terre. Vos soins éclairés savent chaque jour réparer l'irréparable perte à laquelle je me suis vu condamné. Oh ! ce ne peut être une illusion qui me fait voir en vous, mon cher tuteur, le dépositaire choisi par Dieu des sentiments précieux que j'ai pu croire perdus pour moi. Je les vois revivre sans cesse dans votre appui tutélaire. Vous ne vous contentez pas de me faire recueillir les fruits de votre sagesse et de vos soins ; vous avez voulu que l'orphelin goûtât encore les ineffables douceurs d'un amour paternel, et vous avez ouvert comme un trésor de consolation et d'espoir votre cœur à ma tendresse déshéritée. Laissez-moi vous répéter aujourd'hui que cette tendresse vous est à jamais acquise, ainsi que ma gratitude, et vous exprimer le vœu qu'il me soit permis toujours de puiser à cette source bénie de bonheur que vous m'avez offerte.

18

A UN BIENFAITEUR.

Pour le premier jour de l'année.

Chaque matin, au premier rayon du jour, il s'élève de la terre un harmonieux concert de gazouillements. Avant d'ouvrir son aile et de quitter la branche sur laquelle il s'est reposé pendant la nuit, l'oiseau envoie au ciel les douces notes de son gosier musical. Ce concert est tout à la fois une prière et un témoignage d'instinctive gratitude. Que de fois, en effet, en écoutant ces matinales harmonies, on a senti s'exhaler de son cœur et monter avec elles vers Dieu un muet remerciement pour le nouveau jour qu'il donne à la terre, et une intime prière pour que ce jour révèle toute l'étendue de la bonté céleste! Heureux ces chanteurs ailés qui peuvent sans cesse faire entendre une voix reconnaissante à leur bienfaiteur et lui demander de leur conserver son tutélaire amour! Ce qu'ils font à toute aurore nouvelle, un usage que je bénis nous offre la douce occasion de le faire envers les hommes au renouvellement de chaque année. A vous donc aujourd'hui, mon cher bienfaiteur, l'affectueux et sincère hommage de ma gratitude, la prière respectueuse de me garder une part de cette bienveillante affection que vous m'avez si libéralement accordée, et qui est pour moi, désormais comme le pain du cœur. Voilà ce que mon âme répète à l'heure où l'oiseau module ses premiers chants, et ce que, moins heureux que lui, je ne puis vous faire entendre tous les jours.

19

A UN BIENFAITEUR.

Pour le jour de sa fête ou pour le premier jour de l'année.

Je ne sais quel prince d'Asie consentit, en retour de certain service, à satisfaire la demande fort modeste, en apparence, d'un savant malicieux. Ce dernier avait demandé qu'il lui fût donné un nombre de grains de blé égal à celui que produiraient deux de ces grains progressivement multipliés par chacune des soixante-quatre cases de l'échiquier. Le prince, qui croyait en être quitte pour une ou deux poignées de grains, s'était mis à rire de ce qu'il regardait comme une sotte et mesquine ambition de la part du savant. Mais cette histoire, vous la connaissez aussi bien que moi, mon cher bienfaiteur. Vous savez qu'avant la fin du calcul, le pauvre souverain avouait que toutes les récoltes de son royaume ne suffiraient pas, pendant Dieu sait combien d'années, à acquitter la promesse faite au savant. Peut-être trouvez-vous que ce souvenir nous a entraînés un peu loin et que le récit de cette aventure du temps passé donne à mon compliment d'aujourd'hui un faux air de revenant. Il y a cependant beaucoup de ressemblance entre certain embarras que j'éprouve et celui de ce prince d'Asie. Vos continuels bienfaits font de ma reconnaissance comme un ingénieux échiquier sur chaque case duquel je la sens s'accroître tous les jours. Lorsque j'en veux proportionner les témoignages à la grandeur qu'elle atteint ainsi, j'en cherche vainement tous les moyens, et je m'écrie comme le prince d'Asie dont je viens de parler : Ah ! combien ne faudrait-il pas que Dieu voulût m'accorder d'années pour acquiter ma dette !

20

A UNE BIENFAITRICE.

Pour le premier jour de l'année ou pour le jour de sa fête.

Vous m'avez comblé de bienfaits. De tout ce que je vous dois, il est une chose, ma chère bienfaitrice, qui me paraît surtout bien précieuse : c'est la profonde gratitude que vous avez su m'inspirer pour vos bontés. En me les rappelant sans cesse, il me semble qu'elle m'en fait doublement goûter les fruits si doux. A chaque instant aussi, elle m'encourage à tenter mille efforts pour me rendre de plus en plus digne de la tendre bienveillance que vous daignez m'accorder. Elle me donne une force toujours nouvelle dans les tentatives que je fais pour cela, et, lorsqu'elles sont couronnées de succès, c'est le plus souvent à cette gratitude que je dois d'avoir atteint le plus noble but de mes désirs. Oh! comme alors il m'est doux de l'entendre, en moi, applaudir au succès, car il me semble, dans ce moment-là, qu'elle emprunte votre voix chérie et respectée pour me dire : « Je suis contente de toi! » Mais ce n'est pas tout qu'elle devienne ainsi ma récompense la plus enviée : elle n'est pas seulement un devoir, elle est encore un bonheur. Je sens en elle un lien pieux et indestructible qui m'attache à vous. C'est elle enfin qui fait pour moi un des plus doux moments de cette heure où je puis vous en offrir l'hommage sincère et les plus tendres vœux. Il m'est donc bien permis de le répéter : La gratitude, telle que je la ressens pour vous, ma chère bienfaitrice, est tout à la fois un devoir, une récompense et un bonheur.

21

A UNE BIENFAITRICE

Pour le premier jour de l'année ou le jour de sa fête.

Je voulais, aujourd'hui, mesurer l'expression de ma reconnaissance au récit de vos bienfaits. Ma mémoire fidèle me les rappelait facilement ; mais le tableau de vos bontés s'offre à mon esprit tellement vaste et si rempli que ma bouche mettrait bien du temps à le décrire tout entier. Pour le faire bien, il faudrait à cette bouche, hélas ! trop infidèle, la voix flexible et rapide comme une cascade de perles, de quelqu'un de ces musiciens ailés de nos jardins, qui tout le jour chantent les célestes bienfaits ; il faudrait que Dieu permît à mon cœur de s'épancher aussi facilement qu'il permet aux fleurs de répandre dans nos bosquets leurs doux parfums. O ma chère bienfaitrice, puisqu'il ne m'est pas donné de vous exprimer, comme je l'eusse désiré, les sentiments d'une âme reconnaissante, que l'oiseau harmonieux dont la voix charmera vos oreilles soit l'interprète de cette âme ; que la fleur à laquelle vous demanderez son parfum aimé vous rappelle le cœur qui ne peut s'épancher : comme elle, il vous donnera ses délicieuses senteurs. Le Dieu tout-puissant, dont le regard pénètre aussi facilement dans le cœur du petit oiseau que dans le calice de la rose, lira dans mon âme la sincérité des vœux que je lui adresse pour vous. De même qu'il donne au premier les doux rayons de son soleil et à la seconde la fraîche rosée de son ciel, puisse-t-il alors m'accorder le bonheur de vous témoigner longtemps mon inaltérable gratitude.

22

A UN PRÉCEPTEUR

Pour diverses circonstances.

Ai-je lu, m'a-t-on raconté, ou bien ai-je imaginé ce que cette heureuse circonstance m'inspire la pensée de vous dire aujourd'hui? Peu importe, si je parviens à vous exprimer combien je sens le prix des soins affectueux et éclairés que vous me donnez chaque jour. Permettez-moi d'employer pour cela une forme que l'on pourrait appeler, je crois, celle de l'apologue. Un jeune enfant se trouvait au milieu d'une féconde et riante campagne, abandonné à lui-même. Il n'avait d'yeux et d'envie que pour les beaux papillons, ces fleurs ailées, et pour les brillantes fleurs, ces papillons sans ailes. Ceux-ci et celles-là formaient comme un émail vivant et parfumé à la prairie, où tantôt notre enfant, attaché à la poursuite des premiers, bondissait sur un doux gazon, et tantôt s'étendait nonchalamment pour mettre en bouquet sa facile moisson de fleurs, pour admirer la beauté de sa plus glorieuse moisson de papillons. Mais bientôt, hélas! les bouquets se fanaient; bientôt aussi les papillons mouraient comme les fleurs. Et sans en trouver d'une existence moins éphémère, l'enfant recommençait sa cueillette, reprenait sa chasse. Fatigué et découragé, le pauvre petit se laissa enfin tomber sur un banc de mousse. « Hélas ! murmurait-il, quel bien ai-je tiré de ce qui n'a eu d'autre mérite que de m'amuser un instant ? » Ses regards levés aperçurent alors, sur une haute colline, des arbres chargés de fruits magnifiques. Il se leva, puis essaya d'arriver jusqu'à ces arbres précieux, dont les produits pouvaient le désaltérer et le nourrir ; mais des broussailles auxquelles il se déchirait défendaient le pied de la colline. Peut-être allait-il renoncer à l'espoir de la gravir lorsqu'un vieillard au visage noble et bienveillant apparut et lui dit : « Enfant, donne-moi la main, je te guiderai au milieu de ces ronces ; je les ai traversées, et je sais des sentiers assez doux pour te conduire au but que tu croyais impossible d'atteindre. » Et, guidé par ce sage conducteur, l'enfant ne tarda pas à goûter les fruits qui avaient justement excité son désir. Ai-je besoin d'ajouter que, dans cette modeste allégorie, les fleurs et les papillons nous montrent les vains et éphémères plaisirs ; la colline sera la science féconde en fruits précieux ; dans le bon vieillard, il faut enfin reconnaître le sage précepteur qui nous aplanit les difficultés dont elle est entourée, en arrache, sous nos pas, les plus cruelles épines, et mérite ainsi notre profonde gratitude.

23

A UNE INSTITUTRICE

Pour diverses circonstances.

Combien ne vous dois-je pas de reconnaissance et d'affection pour les soins que vous prenez de cultiver mon esprit, d'y faire luire une précieuse lumière, germer un sage discernement ! Je ne connais que vos talents, admirés par tous, de comparable à la maternelle patience avec laquelle vous accomplissez cette affectueuse mission, à l'ingénieuse bonté dont vous faites preuve à chaque instant, pour me rendre le travail rapide et facile, l'étude féconde et attrayante. Je sens que maintenant je les aime d'autant plus l'un et l'autre, qu'il me semble que c'est ainsi vous aimer davantage vous-même, qui avez su me les rendre aimables. Vous me révélez, en effet, les secrets d'un savoir précieux, comme autrefois de bonnes fées, dit-on, faisaient, d'un coup de leur merveilleuse baguette d'or, briller quelque trésor secret aux yeux de leurs protégés émerveillés. Ah ! ce ne serait pas un des moindres bienfaits de ce savoir en biens si féconds, que de me donner ici les moyens de vous exprimer toute la tendre gratitude que m'inspirent de tels soins et une si ingénieuse bonté. Mais quoi ! lorsque je compare ma science à cette gratitude, je vois l'une si petite par comparaison avec l'autre si grande, que je me trouve, sur ce point-là, trop ignorante pour oser l'entreprendre. Mais vous êtes trop souvent venue en aide à mon ignorance pour ne pas la secourir encore en devinant ce que je crains de vous mal exprimer.

CINQUIÈME PARTIE

PETITES PIÈCES DE VERS
POUR PÈRE OU MÈRE

L'AMOUR PATERNEL
STROPHES

A UN PÈRE

I

Il est un talisman, un gage de bonheur,
Que Dieu fait rayonner sur notre vie entière,
Et nous lui devons tout : gloire, courage, honneur...
    C'est l'amour précieux d'un père!

II

Où l'enfant puise-t-il les premiers sentiments
Qui du travail lui font une règle sévère,
Et du fécond savoir fondent les éléments?
    Dans le saint amour de son père!

III

Jeunes hommes, plus tard, qui nous apprend les lois
D'une honorable vie, et de notre carrière
Souvent élargira les chemins trop étroits?
　　L'amour et l'exemple d'un père!

IV

Lorsque sur notre esprit la fatale douleur
Étendit son linceul, quelle douce lumière
A fait briller encor l'espoir dans notre cœur?
　　Le souriant amour d'un père!

V

Si la déception doit un jour m'abreuver
De chagrin; s'il me faut boire à sa coupe amère,
Pour consoler mon cœur, puissé-je encor trouver
　　Le constant amour de mon père!

VI

Talisman précieux, ô céleste trésor!
De toi vient notre force; et ce que je préfère
Au pouvoir que nous donne ou la science ou l'or,
　　C'est le saint amour de mon père!

LES DEUX VOIX ET L'ENFANT

DIALOGUE

A UN PÈRE

Pour le premier jour de l'année.

PREMIÈRE VOIX.

Debout, jeune enfant, lève-toi !
Debout, jeune enfant, et suis-moi !

L'ENFANT.

Toi qui viens frapper à ma porte,
Pour me parler de telle sorte
Qui donc es-tu ? quel est ton nom ?

PREMIÈRE VOIX.

Dans le monde où j'ai du renom,
Mes adorateurs, en grand nombre,
Se pressent même après mon ombre ;
Plus d'un s'acharne jour et nuit
Sur mon pas léger qui le fuit :
Je fais tourner toutes les têtes.
De l'or, du clinquant, des paillettes
Étincellent sur mon manteau ;
J'ai des grelots à mon chapeau :
Je suis frère de la Folie ;
Par moi la vie est embellie :

Ma robe est longue, et dans son pli
Aux hommes j'apporte l'oubli ;
Pour les enfants mes mains sont pleines
De jouets nouveaux et d'étrennes.
Je suis le *Plaisir*, et je veux
Combler aujourd'hui tous tes vœux.
Hâte-toi, crois-en ma parole,
D'embrasser ton père... Cours, vole !
Pour tous, ce jour est des plus beaux :
C'est le jour des mille cadeaux.

L'ENFANT.

A qui me parle de la sorte
Dois-je si vite ouvrir ma porte ?

DEUXIÈME VOIX.

Debout, jeune enfant, lève-toi !
Debout, jeune enfant, et suis-moi !
Ne crois pas une voix perfide ;
Le Plaisir est un mauvais guide :
Ferme l'oreille à ses accents
Faux à la fois et caressants !
Le Plaisir... celui qui l'écoute,
Hélas ! fait bientôt fausse route,
Et celui qu'il prend par la main
Trébuche aux pierres du chemin.
A moi, mon langage est austère,
Il est rude, mais salutaire.
Je ne dis point des mots pompeux,
Non, mais je fais les cœurs heureux.

Le *Plaisir* trompe qui s'y fie ;
Il énerve, et je vivifie,
Et ceux qui suivent mes leçons
Sont les élus de Dieu ; leurs fronts,
Où la joie éclate et rayonne,
Ont un noble signe, et je donne
Un bien qui ne trompe jamais,
D'un cœur pur la céleste paix :
Je suis le *Devoir*, et qui m'aime
Est heureux ; il plaît à Dieu même.
A mes discours ajoute foi :
D'embrasser ton père, hâte-toi.
Enfant, bénis la destinée :
Elle a fait de cette journée
Celle des saints épanchements.

L'ENFANT.

A ta voix, quels doux mouvements
Agitent mon âme plus forte !
A toi je veux ouvrir ma porte :
Je préfère un baiser au plus joli cadeau.
Oui, le Plaisir tout seul est un trop lourd fardeau ;
Le Devoir porte en soi toujours sa récompense :
C'est la paix d'un cœur pur et de la conscience !

L'AMOUR MATERNEL

STROPHES

A UNE MÈRE

I

Je n'emprunterai pas, pour peindre ma tendresse,
Des vers harmonieux la pompeuse richesse
    Et les divins transports.
L'amour, l'amour sacré, mère, qui me déborde,
Fait vibrer dans mon cœur une sublime corde
    Et dicte mes accords.

II

C'est toi qui, dès l'instant où je vis la lumière,
Guidas mes premiers pas dans la rude carrière
    Où j'entrais chancelant.
Du plaisir, du bonheur, tu mis en moi la source ;
Et ta voix m'exhortant dans ma pénible course
    Me soutint bien souvent.

III

Quand je naquis, le froid se glissait dans mes veines,
Et toi, me réchauffant sous tes douces haleines,
    Tu calmais mes douleurs.

J'avais soif, et bientôt à mes lèvres arides
Présentant de ton lait les flots doux et limpides,
  Tu fis sécher mes pleurs.

IV

Par de tendres leçons, ton ardeur empressée
M'apprit à bégayer ma timide pensée,
  En jouant sur ton sein
Tu formas mon esprit ; tu fus mon premier maître ;
Tu cultivas mon cœur et tu me fis connaître
  Le noble attrait du bien.

V

De tes soins assidus entourant mon enfance,
Tu défendis souvent ma trop frêle existence
  Des horreurs du tombeau ;
Et la faible santé qu'alors j'avais perdue,
Tu bénissais le ciel de me l'avoir rendue
  Par un bienfait nouveau.

VI

C'est ainsi qu'en mon cœur, pour toi la Providence
Accrut encor l'amour par la reconnaissance,
  Dès mes plus jeunes ans.
Mes baisers seuls jadis te disaient ma tendresse ;
Dans ces vers, aujourd'hui, pleins d'une sainte ivresse,
  J'exhale ses élans.

LE CŒUR D'UNE MÈRE

STROPHES

A UNE MÈRE

I

Là-haut, dans les splendeurs de la voûte céleste,
Il est un Dieu puissant, un Dieu ! tout nous l'atteste.
De la terre et des cieux il est le créateur.
Ah ! qui donc oserait, sans folie et sans crime,
Nier son existence ? Oui, la raison l'affirme,
    A toute œuvre il faut un auteur.

II

Mère, dès le berceau, tu me le fis connaître
Ce Dieu puissant et bon, et de ce divin maître
Ta bouche m'enseigna les ordres souverains.
Mère, sur tes genoux je bégayais encore,
Lorsque tu m'apprenais comment l'enfant l'adore
    En joignant ses petites mains.

III

Il est juste, il est grand; son pouvoir est immense,
Et sa bonté pour nous égale sa puissance;

Sa majesté divine est visible en tout lieu :
La terre qu'il tira de son néant informe,
Et ces mondes nombreux roulant leur masse énorme,
    Ce sont les œuvres de ce Dieu !

IV

Son souffle embrase tout... A lui tout est facile,
Il fait tout avec rien : le limon et l'argile
Prennent vie à sa voix ; soudain l'homme est créé :
Cet homme à son image est pareil. D'une flamme
Il anime son corps ; il y renferme l'âme,
    Du Créateur reflet sacré.

V

Mais ces globes de feu qui roulent dans l'espace,
Ces astres flamboyant dans le cercle qu'il trace,
Décrivant, tous les jours, leur évolution,
Le retour des saisons ; la lune douce et pâle
Projetant mollement de son reflet d'opale
    Dans la nuit le faible rayon ;

VI

Ces torrents descendant du sommet des montagnes,
Ce soleil radieux fécondant les campagnes,

A ces merveilles-là Dieu ne s'est pas borné :
Il en est une encor plus belle sur la terre ;
De ce Dieu le chef-d'œuvre est le cœur d'une mère
D'ineffables vertus orné.

SIXIÈME PARTIE

COMÉDIES EN VERS
POUR
LA FÊTE D'UN PÈRE, D'UNE MÈRE
OU DE TOUT AUTRE PARENT

LE LOUIS D'OR

PETITE COMÉDIE EN VERS

Cette petite comédie peut au besoin se jouer avec un simple paravent. Il est facile de substituer le mot de mère à celui de père, et le rôle du général peut être remplacé par celui d'une parente.

PERSONNAGES : LE GÉNÉRAL. ARMAND, son fils. JULIE, sœur d'Armand. FRANÇOIS, vieux domestique. — *Un salon.*

SCÈNE PREMIÈRE

ARMAND, JULIE

Armand, assis, tient un livre. — Julie devant un métier à tapisserie.

ARMAND, *fermant son livre.*

Ce livre me déplaît, car toute sa science
Ne peut de mon esprit tromper l'impatience.

JULIE.

Le ciel, en ses arrêts, fixa le cours du temps ;
Pour les changer, hélas ! les vœux sont impuissants.
Attendons...

ARMAND.

Attendons...

<small>Il reprend et repousse presque aussitôt son livre.</small>

Crois-tu que notre père,
De nos riants complots ait percé le mystère ?
Plus de surprise alors...

<small>Souriant.</small>

Il faudrait, en ce cas,
Pour le surprendre mieux, ne le surprendre pas !

JULIE.

Rassure-toi : chacun, en cette circonstance,
Sur tout ce qui s'apprête a gardé le silence ;
Mais notre père, — eût-il oublié que ce jour,
De sa fête, en ces lieux, précède le retour, —
Ne saurait s'étonner, ah ! du moins, je l'espère,
Des marques de l'amour et du respect sincère
Que nos cœurs, en tout temps, doivent lui conserver.

ARMAND.

En tout temps, oui, sans doute...

<small>Confidentiellement.</small>

Et pour le lui prouver,
J'ai voulu, chaque jour, de l'argent qu'il nous donne
Épargner la moitié.

JULIE, étonnée.

Comment !...

ARMAND.
Cela t'étonne?

Montrant une bourse.

Cet argent, le voilà! Je veux que, grâce à lui,
Le plus beau des bouquets soit le mien aujourd'hui!

Julie fait un geste de chagrin.

Pauvre sœur! je te plains; mais tu dois bien comprendre.

Julie part d'un éclat de rire.

Que veut dire?

JULIE.
A mon tour, frère, de te surprendre,
Car j'ai su, comme toi réduisant le budget
De mes menus plaisirs, accomplir un projet
En tout semblable au tien.

ARMAND.
Le fait est incroyable!

JULIE.
En veux-tu sur-le-champ la preuve irrécusable?

Imitant son frère.

Le voilà; cet argent... Et, grâce à lui, je croi
Que le plus beau bouquet ne sera pas pour toi!
L'aventure est piquante et vaut bien qu'on l'admire.
Ah! tu...

ARMAND, confus.
Crois-moi, ma sœur, contentons-nous d'en rire.

JULIE.
Allons, je le veux bien.

ARMAND.
Pour clore ce traité,
Il faut mettre tous deux la feinte de côté.

JULIE.

Plus de ruse entre nous!

ARMAND.

Ta main...

JULIE lui donnant la sienne.

Et sans rancune.

ARMAND.

A quel chiffre, dis-moi, s'élève ta fortune?

JULIE, ouvrant sa bourse.

Regarde.

ARMAND, stupéfait.

Un louis d'or!

JULIE.

Un louis, tout autant!

ARMAND, brusquement.

Mon Dieu, je le vois bien!

JULIE.

Tu sembles mécontent;
D'où te vient ce chagrin?

ARMAND.

Ce chagrin, j'imagine,
Dont la cause aisément s'explique et se devine,
Doit fort peu t'attendrir.

JULIE.

C'est mal juger mon cœur.
Enfin, explique-toi.

ARMAND.

Tu l'emportes, ma sœur!
A peine ai-je amassé la moitié de la somme
Dont tu peux disposer : je fus moins économe.

A toi tout le plaisir et les honneurs aussi,
Mais à moi le chagrin d'avoir mal réussi.

JULIE.

Cesse de m'envier un peu plus de richesse :
Que toujours, entre nous, — la joie et la tristesse, —
Tout demeure commun. Nos bouquets, je le veux
Frère, seront pareils, de même que nos vœux.

ARMAND.

Je cours chez vingt marchands…

JULIE.

   C'est beaucoup, ce me semble ?

ARMAND.

Non pas; j'enlève tout! Nous choisirons ensemble.
Tu l'emportes ici sur moi bien plus encor
Par ce trait généreux que par ton louis d'or.

Il sort en courant.

SCÈNE II

JULIE, seule.

Je l'éprouve à présent : contenter ceux qu'on aime,
C'est, doublant le bonheur, se contenter soi-même,
Et faire, en même temps, deux heureux à la fois.

Des pas précipités se font entendre dans la coulisse.

Qui peut venir ainsi?… C'est notre vieux François.

SCÈNE III

JULIE, FRANÇOIS. *Il arrive en courant.*

FRANÇOIS, *tout essoufflé.*

Ah! chère demoiselle… Ouf!

Il tombe assis.

   J'ai couru si vite!

JULIE, avec bonté.

Te voilà tout en eau !

FRANÇOIS.

La chose le mérite :
Si vous saviez pourquoi je me suis tant pressé !
Votre cœur à l'apprendre est fort intéressé.

JULIE.

Vraiment !

FRANÇOIS.

N'en doutez pas.

JULIE.

Hâte-toi de m'instruire...

FRANÇOIS.

Sachez donc... Permettez qu'un moment je respire.

JULIE.

Allons, repose-toi ; mais songe que j'attends.
Mieux eût valu, cent fois, ne venir qu'à pas lents.

FRANÇOIS.

Me voilà délassé.

JULIE.

Que voulais-tu m'apprendre ?

FRANÇOIS.

Le fait, j'en suis certain, va beaucoup vous surprendre.

JULIE.

Rien n'est plus lent, je crois, que ta célérité.

FRANÇOIS.

Le reproche, vraiment, est bien immérité :
Dans mon antique ardeur, je mets toute ma gloire !

JULIE, souriant.

Passons...

FRANÇOIS.
Voici le fait : c'est...
Il se gratte le front.
Maudite mémoire !
Je me suis tant pressé... Qu'était-ce donc...

JULIE.
Eh bien ?

FRANÇOIS.
Je ne m'en souviens plus.

JULIE.
Ah ! je ne saurai rien !

FRANÇOIS.
Si fait... Attendez donc ; enfin je me rappelle...
Que c'était fort pressé...
Se frappant le front.
La fâcheuse cervelle !
Ah ! j'y suis maintenant... Je veux vous le donner
Sans crainte, en vingt, en cent, en mille à deviner.

JULIE.
Non, non, mille fois non !

FRANÇOIS.
Votre imaginative
Demeure en défaut ?

JULIE.
Oui.

FRANÇOIS, *tirant une lettre de sa poche.*
Voyez cette missive.

JULIE, *toute joyeuse.*
De ma sœur Louison !
Elle décachète la lettre.

FRANÇOIS.

De votre sœur de lait.
Un courrier en sabots apporta ce billet;
Il attend la réponse, en buvant à l'office.

JULIE, lisant.

« Ma bonne demoiselle, j'ai la douleur de vous apprendre que ma mère est subitement tombée malade. Privées depuis plusieurs jours du fruit de notre travail, nous avons vu bientôt nos faibles ressources diminuer rapidement et s'épuiser tout à fait. La crainte de laisser ma pauvre mère manquer des secours les plus nécessaires, me décide à vous tendre une main qui vous bénira pour l'offrande que vous y déposerez. — Je vous embrasse avec amitié et respect. — LOUISON. »

Pourrai-je être insensible, ô ma pauvre nourrice,
A ton malheureux sort? Je ne possède rien,
Hélas! que mon amour et mon cœur pour tout bien...
J'oubliais cet argent qui me rendait si fière :
A toi mon beau louis, c'est ma fortune entière...
Mais de cet or ainsi je ne puis disposer :
A la honte, ce soir, n'est-ce point m'exposer !
Faudra-t-il que moi seule et quand chacun s'empresse
D'offrir à notre père un gage de tendresse,
Je ne puisse à son sein attacher une fleur?
L'orgueil en souffrirait tout autant que le cœur...
Qu'importe!... Il n'y aurait de honte véritable
Qu'à subir de l'orgueil l'influence coupable.

Allant à une table et écrivant.

« Ma chère Louison, je prends une grande part à
tous vos chagrins ; j'irai demain vous consoler de
mon mieux. Je t'envoie, en attendant, tout ce que
renferme ma pauvre petite bourse ; c'était le bouquet
de mon père. — Adieu et courage. — Ta sœur,
Julie. »

<small>Elle plie la lettre et roule la bourse en un paquet qu'elle donne à François.</small>

Ce mot au messager, ainsi que ce paquet.

<small>A part.</small>

Une bonne action vaut bien mieux qu'un bouquet !
Sur ma conduite songe à garder le silence.

<small>Elle sort.</small>

FRANÇOIS, seul.

Vous me jugez bien mal : cet ordre-là m'offense ;
Bavarder, je le sais, est un vilain défaut.

SCÈNE IV

FRANÇOIS, LE GÉNÉRAL

FRANÇOIS, apercevant le général.

Voici le général...

<small>Courant à lui.</small>

Ah ! cher Monsieur, il faut
Que je vous conte un trait qu'ici nul ne soupçonne ;
Car je dois et je veux n'en parler à personne ;
Mais vous ne comptez pas.

LE GÉNÉRAL.

Merci du compliment.

FRANÇOIS.

Vous me remercîrez, Monsieur, bien autrement
Lorsque j'aurai tout dit.

LE GÉNÉRAL, impatient.

Achève, je t'écoute.

FRANÇOIS.

C'est demain votre saint, vous l'ignoriez sans doute.

LE GÉNÉRAL.

Non, je le savais.

FRANÇOIS, ébahi.

Ah!... Mais savez-vous aussi
Quel emploi vos enfants, pendant tout ce mois-ci,
Ont fait de leur argent?

LE GÉNÉRAL.

Oui... La belle malice!

FRANÇOIS, vivement.

Apprenez donc au moins, Monsieur, que la nourrice...

LE GÉNÉRAL, l'interrompant.

Un mal très-dangereux a menacé ses jours.

Remettant de l'argent à François.

Ces dix écus pour elle, à titre de secours.

FRANÇOIS, à part, avec dépit.

Cet homme est étonnant : dès que j'ouvre la bouche,
Avec ce que je dis, sur l'heure il me la bouche.

LE GÉNÉRAL.

N'as-tu rien de plus neuf pour clore l'entretien?

FRANÇOIS, de mauvaise humeur.

Non, Monsieur, j'ai fini; je ne dirai plus rien.

LE GÉNÉRAL.

Ce sera m'obliger.

FRANÇOIS.
Je dois vous satisfaire.
Est-il si difficile, après tout, de se taire?
LE GÉNÉRAL.
Assez pour un bavard.
FRANÇOIS.
Je vous aurais cité
Un trait de votre fille, un trait plein de bonté...
Mais à ne souffler mot il faut bien me soumettre...
Levant en l'air la lettre de Julie.
Il est là, tout entier, écrit dans cette lettre.
LE GÉNÉRAL, lui prenant la lettre.
Donne-la donc, bourreau!
FRANÇOIS.
Monsieur, c'est un secret.
Ce n'est pas moi, du moins, qui me montre indiscret!
LE GÉNÉRAL, après avoir lu la lettre.
O mes enfants chéris, voici la récompense
De tous les soins donnés jadis à votre enfance!
FRANÇOIS, radieux.
Vous ne m'accusez plus, Monsieur, d'être bavard!
ARMAND, appelant dans la coulisse.
Ma sœur!
LE GÉNÉRAL.
La voix d'Armand! Mettons-nous à l'écart
Pour voir ce qu'il fera.
Ils se retirent dans le fond.

SCÈNE V

Les Mêmes au fond, ARMAND, tenant dans ses bras une corbeille pleine de bouquets; un peu après, JULIE.

ARMAND, qui pose sa corbeille.

Nous pourrons à notre aise
Trouver, parmi ces fleurs, un cadeau qui nous plaise.
Appelant.
Ma sœur !... J'appelle en vain.
Il va vers la coulisse et frappe des pieds.
Ma sœur !
JULIE, entrant.
Ah ! que de bruit !
ARMAND, désignant la corbeille.
De mes nombreux emprunts, viens admirer le fruit :
Le choix nous est permis.
JULIE.
Mais c'est tout une serre !
ARMAND.
Procéder avec soin me paraît nécessaire ;
Et, si tu le veux bien, le sort décidera
A qui de nous d'abord le choix appartiendra.
JULIE, tristement.
Tu peux suivre ton goût ; quant au mien, il n'importe.
ARMAND.
La chose ne saurait se passer de la sorte.
Ta générosité dicte ici mon devoir :
A toi de commencer ! Je rougirais de voir

Tes nobles sentiments l'emporter à toute heure.
Ah! combien plus que moi tu te montres meilleure.

JULIE.

Non, c'est me juger mieux que je ne vaux, hélas!
Tu vantes des vertus, frère, que je n'ai pas.
La générosité deviendrait trop facile,
Car je te cède un droit qui ne m'est plus utile.

ARMAND.

J'ai peine à te comprendre.

JULIE.

     Il ne m'est plus permis
De goûter le plaisir que je m'étais promis ;
Je suis pauvre à présent.

ARMAND.

     A-t-on, chère Julie,
Dérobé ton trésor?

JULIE.

     Non... non! je t'en supplie,
Ne m'interroge plus ; je craindrais de mentir.

ARMAND.

A tout ce que tu veux il faut bien consentir

Après avoir réfléchi.

Entre ces fleurs, pour moi, cependant, choisis celles
Que je dois conserver comme étant les plus belles.

JULIE, *désignant un bouquet.*

Ces roses m'auraient plu.

ARMAND.

     Le choix est fort heureux.

Il sépare le bouquet.

Dans ce bouquet, sans peine, on peut en trouver deux.

JULIE.

Tu voudrais...

ARMAND, lui donnant la moitié des fleurs.

Je le dois : nous serons manche à manche ;
De ce matin, ce soir, oui, je prends ma revanche.
Que toujours, entre nous, — tu me l'as dit, ma sœur,
Tout demeure commun, la joie et la douleur.

FRANÇOIS, courant vers les enfants.

Ah ! dans mes bras, Monsieur, il faut que je les presse !

LE GÉNÉRAL, paraissant.

Combien ils sont tous deux dignes de ma tendresse !

JULIE.

Notre père écoutait...

LE GÉNÉRAL, les embrassant.

Que je suis fier de vous !
Je vous dois, mes enfants, les instants les plus doux !

FRANÇOIS.

Je vais conter la chose à toute notre ville.
Me taire, cette fois, me serait difficile.

ARMAND.

Adieu notre surprise !

A François.

Emporte ce panier.

LE GÉNÉRAL.

Pour orner le salon, je l'achète en entier.
Mais ces fleurs valent moins qu'une belle pensée ;
Mon âme à vos vertus est plus intéressée :
Et, pour le cœur d'un père, il n'est point, en effet,
D'hommages aussi doux, de plus charmant bouquet.

IL FAUT S'ENTR'AIDER

PETITE COMÉDIE EN VERS [1]

POUR LA FÊTE D'UNE MÈRE

PERSONNAGES

AMÉDÉE.　　　　　　　　GEORGES (OU BERTHE [2]).
ANATOLE.　　　　　　　　MARIE.

Un Salon.

SCÈNE PREMIÈRE

ANATOLE, GEORGES, MARIE

Marie est assise, Anatole appuyé sur le dossier du siége de celle-ci; Georges se promène vivement sur le troisième plan.

ANATOLE.

D'abord, pour mieux s'entendre il faudrait, ce me semble,
Parler l'un après l'autre et non pas tous ensemble!

---

[1]. Nous répétons ici ce que nous avons dit pour notre première comédie. Ces petites saynètes sont écrites de manière à pouvoir se jouer à l'occasion de la fête de toutes espèces de parents ou de personnes : père, grand-père, grand'mère, parrain, etc. Il n'y a, suivant les circonstances, que deux ou trois mots à changer; ce qui peut se faire très-facilement.

[2]. Le personnage de Georges peut être remplacé par un personnage de jeune fille.

GEORGES.

Approuvé ; c'est bien dit !

ANATOLE.

Et sans un président
On ne peut discuter.

MARIE.

Voyez le beau pédant
Avec ses embarras ! Retourne à ton école
Étudier, mon cher.

GEORGES.

Écoutons Anatole,
Il a l'expérience, il a quinze ans passés.

MARIE, *ironiquement.*

Oui, vous faites tous deux de grands sages...

ANATOLE.

Assez !
J'ai la majorité des voix, car j'ai la tienne,
Georges ; j'ai donc deux voix, en ajoutant la mienne ;
Et je monte au fauteuil...

Il monte sur un tabouret.

Si vous le voulez bien,
Où nous l'avons laissé reprenons l'entretien !
Nous traitions ce sujet délicat : de l'emplette
La plus avantageuse à faire pour la fête
De notre mère...

D'un ton emphatique et déclamatoire.

Il faut ici, sans plus tarder,
Nous mettre tous d'accord... Il nous faut décider
L'objet de notre choix, unissant nos ressources
D'esprit, comme déjà nous avons fait nos bourses.

GEORGES.

Bravo!... Comme orateur il peut aller fort loin!

ANATOLE, du même ton.

De constater ce fait j'éprouve le besoin,
Ce fait qui, de ma tête, écarte tout reproche :
J'ai vingt francs dans ma caisse... ou plutôt dans ma poche.
Vingt francs!... en bon argent français, au cours légal;
De l'épargne commune ils sont le capital!

GEORGES.

Bravo! bravo! bravo!

MARIE.

   Ce Georges, d'Anatole
Est le claqueur gagé! Je voudrais la parole.

ANATOLE.

Parle ; mais, avant tout, songe, pour ton début,
A ne pas t'embrouiller, à marcher droit au but;
Tous les yeux sont fixés sur toi pour... mieux t'entendre;
Creuse à fond ton sujet; c'est ton droit de l'étendre
Autant que tu voudras, mais sans prolixité.
Que l'art, dans ton discours, règne avec la clarté :
Sois concise, élégante, et que toujours la phrase
Soit correcte, élevée et surtout sans emphase.

 Anatole cède le tabouret à Marie.

MARIE.

Nous ne décidons rien : voilà mon sentiment;
Nous serons à la fin comme au commencement.
C'est demain le grand jour... Qu'une belle calèche
Au bois nous mène tous...

  Mouvement de désapprobation de Georges.

   Georges encor m'empêche
De parler.

GEORGES.

Oui vraiment, et j'en ai bien sujet.
Tu veux...

MARIE.

Jusques au bout, écoutez mon projet :
Avec cette calèche, à nous pour la journée,
Nous nous promènerons d'abord la matinée.
Oh! ce sera charmant... Jugez donc quel plaisir!
Sur d'excellents coussins on s'étend à loisir;
Et, sans se fatiguer, faire une promenade
Au bois!... Nous irons voir le lac et la cascade...
Eh quoi! de mon projet vous n'êtes pas ravis?

<small>Georges et Anatole font un signe négatif.</small>

ANATOLE.

Que Georges, à son tour, exprime son avis.

GEORGES, <small>après être monté sur le tabouret.</small>

Je dis, moi, qu'il n'est rien qui soit plus agréable
Qu'un superbe gâteau qu'on dresse sur la table;
Et, si vous m'en croyez, nous irons de ce pas
Acheter chez Félix, dans les Panoramas,
Une pièce montée, un de ces édifices
Dont les flancs arrondis cachent les artifices!...
Qui...

<small>Les signes négatifs des deux autres enfants l'interrompent.</small>

ANATOLE.

Si ma gravité permet un calembour,
Je te dirai, mon cher, que ton gâteau fait four.
Oui, vous vous fourvoyez tous deux... A votre place
Je ferais éclater le soir, sur la terrasse,
Cent pétards, vingt soleils, et, sans être aguerri
Dans l'art pyrotechnique, ainsi que Ruggieri,

Je vous transporterais dans les Champs-Élysées.
Il serait beau de voir mes bombes, mes fusées;
Vous verriez : quel éclat! quel tapage infernal!
Et surtout quel bouquet!... Ah! le bouquet final!
Ce serait ravissant... Mes chandelles romaines,
Soyez-en bien certains, égaleraient les siennes!

MARIE, *ironiquement.*

Ton idée est fort bonne et l'on pourrait vraiment
Vanter et ton bon goût et ton entendement,
Louer avec raison, de ta galanterie
Le choix miraculeux, si, dans l'artillerie...
Si... notre mère était capitaine ou major!

GEORGES.

Adoptez mon idée.

MARIE.

Elle est jolie!

ANATOLE.

Encor!

Il y tient!

MARIE.

Mon projet, je crois...

GEORGES.

Il est stupide!

ANATOLE.

Georges, tu vas trop loin... Il faut qu'on se décide
Pourtant à quelque chose...

Il se frappe le front.

Eh! j'y songe : à l'écart
Amédée est resté; cependant, pour un quart,

Ses deniers ont grossi la somme fabuleuse
Dont je suis détenteur.

    MARIE, avec ironie.
      Ta mémoire est heureuse!

    ANATOLE.

Et vous n'y pensiez pas.

    GEORGES.
      Tu l'oubliais bien, toi!

    ANATOLE.

Or, puisqu'il a versé ses fonds, sur leur emploi
Il a voix au chapitre. On ne doit pas débattre
Cette affaire importante à trois, mais bien à quatre.
Exposons-lui les faits de la cause, en deux mots
Il nous mettra d'accord... Il arrive à propos.

SCÈNE II

Les Mêmes, AMÉDÉE

Amédée, tenant un papier d'une main et un crayon de l'autre, s'avance d'un air absorbé.

    ANATOLE, à Amédée, d'une voix tragique.

Prends un siége... Amédée, ou reste sur tes jambes,
A ton gré.

    AMÉDÉE.
    Je faisais quelques vers... des ïambes.
Laissez-moi... Vous savez, quand l'inspiration
Vous vient, il faut savoir saisir l'occasion.

    MARIE, malicieusement.

Surtout lorsqu'elle est rare...

AMÉDÉE se redresse.

Oh! rare...

GEORGES.

La sournoise
Emporte le morceau.

ANATOLE, ironiquement.

Pourquoi lui chercher noise?
De ce cher Amédée on connaît des travaux
Qui prouvent une force...

MARIE.

Oui... de plusieurs chevaux!

GEORGES, sentencieusement.

Il ne faut pas juger l'arbre d'après l'écorce;
Le poëte à sa mine...

AMÉDÉE.

Eh! qu'importe ma force!

ANATOLE, à Marie.

Tu vois... tu l'as fâché... C'est mal...

A Amédée.

Écoute-moi :
Donne-nous ton avis...

A Georges.

Georges, approche-toi.
Je te fais rapporteur; viens expliquer la chose
A Monsieur...

Georges qui a tiré une grosse brioche de sa poche, arrive la bouche
pleine et ne peut parler.

De brioche il a la bouche close.
Ah! vous mériteriez que l'on vous expulsât
De cette enceinte... Allez, gourmand, goinfre, poussah!

A Amédée.

Demain, pour souhaiter la fête à notre mère,
Amédée, à ton sens, voyons, que faut-il faire?

AMÉDÉE.

Ce qu'il faut faire?

ANATOLE.

Eh oui! Parle, nous t'écoutons.

AMÉDÉE, pompeusement.

Des vers!

Les trois autres enfants font un geste de désespoir.

MARIE.

Il en revient toujours à ses moutons.

AMÉDÉE, s'animant.

Il nous faut,—j'en conviens, l'entreprise est hardie!—
Pour demain, croyez-moi, faire une comédie!

MARIE.

Je louerai ma calèche.

ANATOLE.

Et moi je tirerai

Mes pétards.

GEORGES.

Mon gâteau, moi je l'achèterai!

ANATOLE.

La séance est levée; et chacun va reprendre,
Pour en disposer seul, puisqu'on ne peut s'entendre,
Puisque d'un vain espoir nous nous étions bercés,
Les fonds qu'entre mes mains vous avez tous versés.

Il remet à chacun sa part d'argent.

AMÉDÉE.

Soit! je n'en démords pas: je l'ai mis dans ma tête,
Et je ferai ma pièce ou je suis une bête!

SCÈNE III

AMÉDÉE, seul.

Ça! mettons-nous à l'œuvre!... Aussi bien dans ces lieux
Ils m'ont laissé tout seul... on en travaille mieux.

Il médite pendant un moment, en mouillant le bout de son crayon.

Faire une comédie est chose difficile,
Tout seul! On est souvent trois pour un vaudeville!
Ah! c'est un lourd fardeau dont je me suis chargé.

S'animant de nouveau.

Le mérite est plus grand s'il n'est point partagé!
Ce fardeau, montre-leur que, loin qu'il ne t'écrase,
Tu peux le soulever...

Se mettant à cheval sur une chaise.

                  Vite enfourchons Pégase,
Vite à l'œuvre, Amédée! Il faut que ton projet
S'accomplisse à ta gloire... Eh! oui; mais un sujet?...
Je n'en ai pas; cherchons... Hélas! le temps me presse.
Où le trouver?... C'est là... là, que le bât me blesse.
Il faudrait un sujet qui ne fût pas commun...
Bon! le premier venu, c'en serait toujours un...
Que le fond soit usé, sous une plume habile
Il peut se rajeunir, et les grâces du style
D'un trop pauvre sujet cachent la nudité.

Il se lève et frappe du pied avec impatience.

Mais je ne trouve rien... Quelle stérilité!

Après quelques instants de réflexion.

A me gratter le front, à regarder mon pouce,

Je ne me rendrai pas la besogne plus douce.
De mes forces peut-être ai-je trop présumé.
Et ce rôle d'auteur sur moi seul assumé
Est trop pesant... O honte! ô la sotte équipée!
Pourquoi diable ai-je aussi fait blanc de mon épée?
Comme ils vont me railler! Ils vont me reprocher
D'être un fat, un hâbleur. Et comment leur cacher
Cet échec désastreux et cette reculade?
Comme ils vont s'amuser de ma fanfaronnade!
Faut-il que l'on plaisante et rie à mes dépens?
C'est ma faute, après tout. Trop tard je me repens.
Que dire pour sauver l'honneur de notre muse?
Hé quoi! ne pas trouver même une simple excuse!

SCÈNE IV

AMÉDÉE, MARIE, entrant lentement la tête basse.

AMÉDÉE.

C'est toi... bon!... tu n'as pas un air très-satisfait, Marie?

MARIE, soupirant.

Ah! sans mentir, je vais te mettre au fait
De ce qui m'attendait, de ma déconfiture :
J'avais chargé Suzon de louer la voiture
Où demain nous devions, pour suivre mon désir,
D'une visite au bois goûter tous le plaisir;
Voilà qu'elle revient...

AMÉDÉE.

Suzon, ou la voiture?

MARIE.

Suzon!...

AMÉDÉE.

Ah! j'entrevois la fin de l'aventure.
Tu disposais, je crois, comme chacun de nous,
De cinq francs, n'est-ce pas?

MARIE.

Cinq francs, oui!

AMÉDÉE.

Pour cent sous
Tu voulais, tout un jour, avoir un équipage?

MARIE.

Hélas! je le pensais...

AMÉDÉE.

Ton projet fait naufrage.

MARIE.

Faute de lest!

AMÉDÉE.

D'argent, je comprends...

Regardant dans la coulisse.

Mais voici
Georges qui me paraît avoir certain souci.

SCÈNE V

AMÉDÉE, MARIE, GEORGES

AMÉDÉE, à Georges.

Eh bien! de chez Félix tu reviens les mains vides?

GEORGES.

Des marchands d'aujourd'hui, mon cher, les plus avides
Ce sont les pâtissiers! Me demander vingt francs
D'un gâteau! Le crois-tu?

AMÉDÉE.

     Le nombre des gourmands
Augmente chaque jour.

GEORGES, croquant un biscuit.

    Ta maxime est très-fausse.

MARIE.

Et la pâtisserie, à ce compte, est en hausse.

AMÉDÉE.

Marie est, comme toi, près de se désoler
De son peu de succès... Il faut vous consoler
Tous deux...

GEORGES.

  Oui... Pour cela j'ai mangé deux brioches.
Et je suis consolé... Tiens! les mains dans ses poches,
Anatole revient.

SCÈNE VI

AMÉDÉE, MARIE, GEORGES, ANATOLE

ANATOLE, furieux.

  Ces cuistres d'épiciers
Veulent tous vendre cher!

GEORGES, soupirant.

    Comme les pâtissiers!

ANATOLE.

Féroces Harpagons, je voudrais que la foudre
Pour votre soif du gain vous réduisît...

AMÉDÉE.

En poudre!
N'est-ce pas?

MARIE.

J'aimerais, spectacles sans pareils,
Voir tous les épiciers transformés en soleils!

ANATOLE.

Je demande pour eux de plus cruels supplices.

AMÉDÉE.

Tu reviens sans pétards... parle sans artifices.

ANATOLE.

Oh! l'affreux calembour... Faut-il donc qu'aussi bas
Un poëte descende!

AMÉDÉE.

Ah! ne m'en parle pas :
J'avais trop présumé, mes amis, de ma verve,
Et je n'ai rien trouvé; raillez-moi sans réserve!

ANATOLE.

Nous sommes tous logés à même enseigne.

AMÉDÉE, GEORGES et MARIE.

Tous!

ANATOLE.

Vraiment, la faute en est bien à chacun de vous

A Marie.

La mollesse lui plaît; mademoiselle prêche
Pour son saint; elle veut avoir une calèche.

8.

MARIE, à Anatole.

Le désordre ou le bruit, voilà son élément ;
De la maison, monsieur veut le bombardement.

GEORGES.

Vous avez tort tous deux.

AMÉDÉE.

Tous trois !

A Georges.

Ta gourmandise
N'a pas droit d'accuser maintenant leur sottise ;
Et ton fameux gâteau... diras-tu, par hasard,
L'avoir vanté si haut par pur amour de l'art ?

GEORGES.

Ma gourmandise ici pourrait fort bien, je pense,
A ta présomption tirer sa révérence :
Comédie et brioche ont eu le même sort.

MARIE.

Suspendons ce débat, car tous nous avons tort :
Notre désunion a fait notre faiblesse ;
Notre égoïsme seul cause notre détresse ;
Nous avons tous suivi notre péché mignon,
Nous en portons la faute.

TOUS.

Elle a vraiment raison !

AMÉDÉE, vivement.

Euréka : j'ai trouvé !... Vous me venez en aide !

ANATOLE.

Le poëte à présent parle comme Archimède !

MARIE.

Que veut dire cela ?

GEORGES.

Voyons, qu'as-tu trouvé.

AMÉDÉE.

Le sujet de la pièce.

ANATOLE.

Oh! ce n'est pas prouvé.

AMÉDÉE.

Je le tiens, grâce à vous; la victoire est complète
Le sujet, le voilà : la pièce est toute faite.

MARIE.

Explique-toi; tu mets la patience à bout.

AMÉDÉE.

C'est bien simple...

GEORGES.

Voyons.

AMÉDÉE.

Un auteur, après tout,
N'a jamais qu'un seul but : de peindre la nature.
Je la prends sur le fait : je peins notre aventure.
Personnages : nous tous. Sujet : l'événement
Qui nous arrive.

ANATOLE.

Et puis... après, le dénoûment?

AMÉDÉE.

Le dénoûment? c'est juste... Une bonne œuvre... Et comme
Pour avoir un bouquet, dix francs sont une somme
Suffisante, après tout; que de vingt ôtez dix.
Il reste dix encor... Eh bien, je vous le dis,
Nous allons soulager quelqu'honnête misère;
Et puis nous offrirons des fleurs à notre mère;

Notre bonne action, rehaussant à ses yeux
La valeur du bouquet, il lui plaîra bien mieux!
A notre œuvre s'il faut, pour suivre un bon usage,
Une morale, enfin, disons tous qu'il est sage
De savoir s'entr'aider par de communs efforts.
L'union, mes amis, fait les hommes plus forts.

SEPTIÈME PARTIE

PETITES COMÉDIES EN PROSE
POUR
LA FÊTE D'UN PÈRE, D'UNE MÈRE
OU DE TOUT AUTRE PARENT

UN SECRET
DE POLICHINELLE
PETITE COMÉDIE EN PROSE

POUR LA FÊTE D'UN PÈRE[1]

PERSONNAGES : M. GRANNEVILLE, père d'Eugène et de Louise, tuteur de Julie. EUGÈNE. LOUISE. JULIE. CHARLEMAGNE, vieux serviteur. — *Un salon.*

SCÈNE PREMIÈRE

LOUISE, assise à une table, où elle écrit ; JULIE, entrant.

JULIE.

Eugène est-il revenu, ma cousine ?

LOUISE, se levant.

Non, ma bonne amie... Mais tu sais que mon cher

---

1. Même observation, à cet égard et pour cette comédie, que pour la comédie précédente.

frère avait à visiter, ce matin, plusieurs personnes de qui dépend l'accomplissement de notre projet.

JULIE.

Je le sais bien; et, franchement, je crains qu'Eugène n'ait manqué de courage pour courir à la demeure de chacune d'elles.

LOUISE.

Je t'assure qu'il met une ardeur extraordinaire à s'acquitter de la tâche qui lui est échue dans la réalisation de ce que nous avons comploté. Heureusement infidèle à ses habitudes de nonchalance, il s'est levé de fort bon matin, aujourd'hui...

JULIE.

Il n'avait pas été moins vigilant hier, et je crois, en vérité, que si nous réussissons dans notre secret dessein, le succès en sera dû à une activité dont il n'avait jamais donné semblable preuve.

LOUISE.

Tu as raison : depuis deux jours, il semble, à chaque instant, triompher de cette indolence à laquelle on lui reproche de céder trop souvent... comme à moi de me plaire à parler un peu plus qu'il ne faudrait.

JULIE.

Et moi d'aimer par trop les friandises et les bons morceaux.

LOUISE.

Il est pourtant si agréable d'employer une heure ou deux, le matin et le soir, à parler sans gêne, sans raison, et de bavarder un peu dans la journée...

JULIE.

Les bonnes choses qui se mangent sont cependant si bonnes !

LOUISE.

Mais la peur de trahir notre secret semble, cette fois, avoir enchaîné ma langue.

JULIE.

Et la même crainte paraît avoir mis un frein à ma gourmandise.

LOUISE, souriant.

Ne va pas t'aviser de lui lâcher bride encore... elle pourrait avoir son danger...

JULIE, de même.

J'en réponds, comme... toi-même de ta langue.

LOUISE.

Nous voilà cautions l'une de l'autre... ne l'oublions pas.

SCÈNE II

Les Mêmes, EUGÈNE, tenant encore son chapeau et ses gants à la main.

JULIE.

Voici le cher Eugène.

EUGÈNE.

Je suis enchanté de vous trouver réunies, Mesdemoiselles... car je vous rapporte l'assurance que tout paraît, maintenant, devoir marcher au gré de nos désirs et de notre espoir. (Il pose son chapeau sur un meuble.)

LOUISE.

Tu n'as rien *oublié* de ce que tu avais à faire ce matin ?

EUGÈNE.

Oublié ! J'avais sur mon calepin la liste de toutes mes courses.

LOUISE, malicieusement.

Oui, mais ton calepin était au fond de ta poche...

EUGÈNE.

J'entends : tu dis *oublié,* par politesse... et c'est *négligé* qu'il faut comprendre...

JULIE.

Vous avez fait tout cela si promptement, mon cher cousin...

EUGÈNE.

Que ma problématique activité vous cause quelque surprise... mon Dieu, Mesdemoiselles, elle m'étonne moi-même... Elle ressemble un peu, j'en conviens, à ces soupes au lait auxquelles il faut tant de temps avant de bouillir, et qui s'enlèvent comme un gros ballon blanc lorsqu'elles se mettent à monter. Qu'en pensez-vous, ma chère cousine ?

JULIE.

Je pense... qu'un bon potage au lait est excellent, surtout lorsqu'on y a mis beaucoup de sucre...

LOUISE.

Laissons là ces discours sucrés, auxquels Julie se plairait jusqu'à demain, et dis-nous bien vite ce que tu as fait, dis-nous si tu as trouvé ce qui nous manquait, dis-nous si on nous l'apportera bientôt, dis-nous si nous en serons contents, dis-nous...

JULIE, l'interrompant.

Mais si tu parles toujours, il ne pourra rien dire...

EUGÈNE.

Je n'ai qu'un mot à vous répondre. J'ai fait si bien les choses qu'il n'y a plus rien à faire, Dieu merci! (Il s'étend dans un fauteuil.) Aussi, je suis brisé... J'ai été plus d'une fois tenté, je le confesse, de ne pas aller jusqu'au bout... Mais je ne sais quel diable me poussait en avant...

LOUISE.

Dis quel bon génie.

EUGÈNE.

Comme tu voudras... Et j'ai rempli ma tâche tout entière... A votre tour, dites-moi, mademoiselle ma sœur, vous n'avez pas *oublié*, en mon absence...

LOUISE.

Quoi donc?

EUGÈNE.

De garder notre secret.

SCÈNE III

Les Mêmes, CHARLEMAGNE, qui parait au fond, s'arrête et cherche à entendre.

LOUISE.

Tu me rends la monnaie de ma pièce... Je n'ai pas dit un mot du mystère que nous ne voulons laisser pénétrer à personne.

CHARLEMAGNE, dans le fond, et à part.

Un mystère... j'en étais sûr!

EUGÈNE.

Pas même à votre miroir, en vous y regardant?

LOUISE.

Non, vraiment.

JULIE.

Nous sommes restées toutes deux bouche close sur ce que cette bouche devait respecter.

EUGÈNE.

Me voilà doublement rassuré. (Apercevant Charlemagne.) Chut! on peut nous entendre.

CHARLEMAGNE, à part.

Je ne saurai encore rien.

EUGÈNE.

Qu'y a-t-il, mon bon Charlemagne?

CHARLEMAGNE.

Deux lettres que l'on vient d'apporter pour vous, monsieur Eugène.

EUGÈNE, se levant, et prenant les lettres.

Je te remercie... Nous t'appellerions, si tes bons offices nous étaient nécessaires.

CHARLEMAGNE, à part.

Il me renvoie... Je les soupçonne d'en savoir, sur le mystérieux sujet de mes préoccupations et de mes inquiétudes, plus qu'ils n'en veulent laisser paraître. (Il va vers vers le fond, où, tout en faisant semblant de ranger quelque meuble, il prête de temps en temps l'oreille.)

EUGÈNE, qui a lu une des lettres.

Ah! Mesdemoiselles, quel coup de foudre! Je frémis.

LOUISE.

Tu frémis?

CHARLEMAGNE, dans le fond, et à part.

Il frémit!

JULIE.

Nous frémissons...

EUGÈNE.

Vous frémissez?

CHARLEMAGNE.

Ils frémissent!

EUGÈNE.

Très-bien... Écoutez maintenant ce que m'écrit notre cousin Borrhomée (Lisant la lettre.) : « Cher cousin et chères cousines, j'ai le chagrin et le regret de vous faire savoir que je ne pourrai prendre, dans l'exécution de votre grand projet, la part que vous aviez eu l'amitié de m'y réserver. Je ne doute pas, mon cher Eugène, que vous ne sachiez renouer le fil ainsi rompu, pour un moment, de vos ingénieuses dispositions... » (s'interrompant.) Non, non, c'est une partie de la réalisation de ce projet à laquelle il faut renoncer.

LOUISE.

Il me semble, cependant, qu'il te serait possible...

JULIE.

Facile...

EUGÈNE, se promenant à grands pas.

Possible!... facile!... Oui, oui, cela est facile à dire. Pour le réaliser, il faudrait deux heures peut-être d'études, de travail... un plan à refaire...

LOUISE.

Deux heures... eh bien, tu en as au moins quatre !

EUGÈNE, dont le dépit précipite de plus en plus les pas.

C'est fort bien... Mais, fatigué comme je le suis, je sens que je ne saurais faire davantage avant qu'un long repos ait réparé des forces... que je n'ai guère ménagées depuis ce matin, je pense.

LOUISE.

Et qui sembleraient avoir beaucoup moins besoin d'être ménagées que tu ne le crois, à te voir ainsi trotter avec la prestesse du chat botté.

JULIE.

Encore un effort, mon cher cousin... Songez aux doux fruits que vous recueillerez de vos peines.

CHARLEMAGNE, dans le fond, et à part.

Je commence à comprendre... que je n'y comprendrai rien.

EUGÈNE.

Ah ! sans cela... Allons, nous verrons, lorsque je me serai un peu reposé.

LOUISE.

Il vaudrait peut-être mieux nous y mettre dès à présent, et...

EUGÈNE.

Tu oublies, ma chère sœur, cet autre message à lire encore. (Il décachète et lit la seconde lettre.)

JULIE.

C'est juste.

EUGÈNE.

Voilà qui nous achève!

JULIE.

Faut-il frémir encore?

EUGÈNE.

Nous en avons plus que jamais le droit. (Remettant la lettre à Louise.) Lis cet arrêt de nos destins contraires, ma chère sœur!

LOUISE, lisant.

« Monsieur, il ne me reste plus assez de poudre pour vous en livrer la quantité que vous m'avez demandée. Je viens de m'en apercevoir au moment de vous l'envoyer. Je m'empresse de vous le faire connaître en vous donnant ci-joint l'adresse d'un de mes confrères qui vous fournira cette poudre. Agréez... *et cætera.* » Et ce confrère demeure... (Elle regarde sur la carte.)

CHARLEMAGNE, dans le fond, et à part.

Ce papier parle de poudre... Ah! mon Dieu! nous allons être réduits en poussière...

JULIE, qui a, de son côté, jeté un coup d'œil sur la carte.

Oh! fort loin, en vérité... Et ce ne serait pas trop maintenant que de nos quatre heures, s'il vous plaisait, mon cher cousin, de les mettre à profit pour remédier au double contre-temps qui nous arrive.

LOUISE, à Eugène.

Je conviens que ce serait, cette fois, te demander beaucoup.

JULIE.

Tout ce que l'on pourrait attendre de la personne la plus active.

LOUISE.

Aussi je vois bien que l'accomplissement de notre projet doit subir un grave échec...

JULIE.

A moins que l'on ne prie un ami, que l'on ne charge un domestique de nous venir en aide; mais alors plus de secret, plus de surprise, et, partant, moins de plaisir pour celui auquel tout cela est destiné.

LOUISE, avec volubilité.

Je crois cependant que c'est encore le meilleur moyen de remédier au mal. Je prends sur moi d'instruire la personne que nous choisirons pour auxiliaire et pour confidente de ce qu'elle aura à faire, à dire, à ne pas dire, à...

EUGÈNE.

Doucement, ma sœur... Le repos semble ne pas moins déplaire à votre langue qu'il ne me paraîtrait doux et enviable. (Prenant et enfonçant son chapeau jusqu'aux yeux.) Il ne sera pas dit que, dans une semblable circonstance, j'aie manqué de courage... Dussé-je rester en chemin, je ne reculerai pas.

JULIE, prenant le bras d'Eugène.

Bravo, mon cousin! nous vous soutiendrons de notre mieux.

LOUISE.

Bravo, mon frère! Je vous montre la route... (Ils sortent tous trois.)

EUGÈNE.

Allons!

SCÈNE IV

CHARLEMAGNE, seul.

J'ai seulement entendu quelques mots... je n'y ai rien compris du tout... mais ils sont effrayants! Que serait-ce donc, si je savais ce qu'ils signifient... et si je ne me sentais obligé de porter bravement le grand nom de Charlemagne, mon patron!... Cependant, mon devoir de fidèle serviteur m'oblige aussi à ne pas laisser plus longtemps ignorer à mon cher maître ce qui se passe dans sa maison. (Il va pour sortir.) Le hasard le conduit fort à propos de ce côté.

SCÈNE V

CHARLEMAGNE, M. GRANNEVILLE

M. GRANNEVILLE, à lui-même.

Je suis impatient de connaître comment mes chers enfants et ma chère pupille sortiront des épreuves auxquelles j'ai voulu les soumettre aujourd'hui. (Apercevant Charlemagne.) Charlemagne pourra peut-être m'en apprendre déjà quelque chose.

CHARLEMAGNE, mystérieusement.

Monsieur, j'ai à parler à vous!

M. GRANNEVILLE, à part.

Bon! (Haut.) J'en suis enchanté, et je t'écouterai avec beaucoup de plaisir.

CHARLEMAGNE, à part.

Comme il a l'air tranquille!... Puisse le digne monsieur ne jamais se douter de... ce que je vais lui apprendre...

M. GRANNEVILLE.

Eh bien?

CHARLEMAGNE, d'une voix basse.

Savez-vous, Monsieur, qu'il se passe ici quelque chose de bien extraordinaire?

M. GRANNEVILLE.

Non.

CHARLEMAGNE.

Vous imaginez-vous, du moins, ce que cela peut être?

M. GRANNEVILLE.

Comment pourrais-je le deviner, puisque, je te le répète, je ne sais ce que tu veux dire.

CHARLEMAGNE.

Eh bien, Monsieur... ni moi non plus.

M. GRANNEVILLE.

Le fâcheux bavard!

CHARLEMAGNE.

Si je le savais — et plût au ciel qu'il en fût ainsi — cela serait beaucoup moins surprenant et mystérieux.

M. GRANNEVILLE.

Explique-toi plus clairement, où je cesse de t'écouter.

CHARLEMAGNE.

Eh! Monsieur, comment voulez-vous que je vous

parle clairement de ce qui est ténébreux comme une diablerie. Imaginez que je passais avant-hier soir tout près de notre orangerie qui, vous le savez, reste fermée tout l'été, et dans laquelle personne n'est entré depuis plus d'un mois; même, je crois, vous en avez la clef...

M. GRANNEVILLE.

Je ne sais... Achève.

CHARLEMAGNE.

Tout à coup, j'en entendis sortir...

M. GRANNEVILLE, souriant.

Des hurlements? un charivari infernal? des coups de canon?

CHARLEMAGNE.

Non, Monsieur : les sons les plus harmonieux d'un concert d'instruments les plus mélodieux...

M. GRANNEVILLE, partant d'un éclat de rire.

Voilà qui est épouvantable, en effet! (A part.) Je n'ai pas de peine à deviner ce que c'était.

CHARLEMAGNE.

Un autre que moi en fût mort de peur. Mais je me suis rappelé que je m'appelais Charlemagne.

M. GRANNEVILLE.

Et qu'as-tu fait?

CHARLEMAGNE.

Moi, Monsieur?... je ne suis pas mort, et j'ai pris la fuite!

M. GRANNEVILLE.

Je crois que même le grand Charlemagne n'eût pas fait cela.

CHARLEMAGNE.

Eh bien, Monsieur, je ne m'en suis pas tenu là...

M. GRANNEVILLE.

Je commence à t'admirer, mon vieux Charlemagne.

CHARLEMAGNE, avec une fausse modestie.

Non, non ; attendez encore un peu, cher Monsieur. Je suis retourné, le lendemain matin, du côté de l'orangerie, et je m'en suis approché tout près... de loin ! Malgré cela, j'ai senti qu'il s'en exhalait un parfum inaccoutumé des plus agréables fleurs... Je me suis alors éloigné prudemment... car tout cela, vous en conviendrez, n'est pas naturel.

M. GRANNEVILLE, à part.

Ce pauvre Charlemagne peut me venir en aide sans qu'il s'en doute. (Haut.) Tu as raison. Je te remercie d'avoir songé à me faire part de tes mystérieuses découvertes... Mais ce n'est pas assez, mon bon Charlemagne : il faudrait bien vite éclaircir ce terrible secret, et je m'en rapporte à toi pour cela.

CHARLEMAGNE, tremblant.

Comment, Monsieur, vous voulez que je retourne à l'orangerie où l'on entend de si terribles choses, d'où s'exhalent de si extraordinaires parfums !

M. GRANNEVILLE.

Je ne t'impose pas cet excès d'héroïsme, mais...

CHARLEMAGNE.

Oh! Monsieur, je crois que vos chers enfants savent bien des choses sur ce grave sujet... J'ai tâché de surprendre dans leurs discours...

M. GRANNEVILLE.

Écouter... fi donc, Charlemagne !

CHARLEMAGNE.

C'était seulement pour savoir...

M. GRANNEVILLE.

En causant avec les personnes, les petites filles, qui aiment à parler, on apprend souvent bien des choses... Crois-tu que Louise ait quelque connaissance de ce que tu dis ?

CHARLEMAGNE.

Oui, oui, je le crois.

M. GRANNEVILLE.

Il me semble que tu pourrais...

CHARLEMAGNE.

Je vous entends... Laissez-moi faire.

M. GRANNEVILLE.

Elle vient ici... Sois adroit. (Il sort.)

CHARLEMAGNE.

Soyez tranquille, Monsieur. Je ne suis embarrassé pour causer que lorsque je me trouve tout seul, parce que cela me gêne pour me répondre.

SCÈNE VI

CHARLEMAGNE, LOUISE, entrant du côté opposé à celui par lequel est sorti son père.

LOUISE, à elle-même.

J'ai laissé le cher Eugène faisant des merveilles d'activité. Il nous donne ainsi un bien grand exemple de ce que peut... (Apercevant Charlemagne qui tourne autour d'elle.) Que cherches-tu ainsi à mes côtés, Charlemagne ?

CHARLEMAGNE.

Je vous entends là parler toute seule, Mademoiselle, et je pensais que deux oreilles dévouées, un esprit discret, vous sembleraient préférables au vent qui emporte vos paroles, comme un étourdi...

LOUISE, soupirant.

Il est vrai que, depuis plusieurs jours, je ne trouve près de moi que des oreilles peu complaisantes. Eugène est tellement affairé, et Julie elle-même...

CHARLEMAGNE.

Je crois bien qu'ils doivent être affairés ! Il faut convenir que votre esprit n'a pas un mince sujet de préoccupations.

LOUISE.

Qui t'a dit que nous avions de secrètes préoccupations ?

CHARLEMAGNE.

Mais vous-même, mademoiselle Louise. Ne venez-vous pas de vous plaindre de ce que votre frère et votre cousine sont tellement affairés qu'ils ne sauraient entendre à rien ?

LOUISE, à part.

J'ai fait une sottise sans m'en apercevoir.

CHARLEMAGNE.

Et le fameux secret dont vous parliez doit causer de même à vous plus d'un souci.

LOUISE, vivement.

J'ai parlé d'un secret ?

CHARLEMAGNE.

Oui, Mademoiselle.

LOUISE, à part.

Je ne sais donc plus ce que fait ma langue !... Elle ne commet pas, après tout, une si grande faute : Charlemagne est discret, et quand il saurait...

CHARLEMAGNE.

Pourquoi vous êtes-vous cachés de moi ? N'est-ce pas dans les choses difficiles qu'un bon serviteur peut surtout rendre d'utiles offices ?

LOUISE.

Ainsi tu connais le secret ?

CHARLEMAGNE.

Oui... en gros... et, si je ne l'avais pas connu, ce que vous venez de me dire me l'aurait bien appris.

LOUISE, un peu confuse.

C'est vrai.

CHARLEMAGNE.

Que pourrais-je faire dans cette mystérieuse affaire, pour vous être agréable ?

LOUISE.

Bien des choses, peut-être. Mais avant de te l'indiquer, il est nécessaire que je te donne mille détails que tu ignores.

CHARLEMAGNE.

Oui, oui, je dois tout savoir... Mon Dieu, que j'aurai d'aise à le raconter à Monsieur !

LOUISE.

Quel Monsieur ?

CHARLEMAGNE.

A monsieur Granneville, donc, mon cher maître!

LOUISE, à part.

A mon père!... mon père! dont le plaisir devait être d'autant plus grand qu'il aurait tout ignoré... et ma sotte langue lui enlèverait une partie de ce plaisir!... Quelle faute j'allais commettre! Cette leçon-là ne vaudra pas moins pour moi (se tournant vers la coulisse.) que l'exemple que tu nous donnes aujourd'hui, cher frère, en triomphant de ton indolence comme je veux triompher enfin de mon inclination à bavarder.

CHARLEMAGNE.

Pardon, Mademoiselle, mais ce que vous contez là au mur, il vaudrait mieux le dire à moi ; autrement vous risquez de ne parler que pour le roi de Prusse !

LOUISE.

Mais je n'ai rien à te dire, Charlemagne.

CHARLEMAGNE.

Bon !... Et le grand secret dont...

LOUISE.

Un secret n'est pas un sujet de conversation... voilà ce que me disait le mur, Charlemagne. (Elle sort par le fond.)

SCÈNE VII

CHARLEMAGNE, seul, puis JULIE

CHARLEMAGNE, frappant le mur d'un coup de poing.

Imbécile!... Elle allait tout me dire...

JULIE, entrant par un des côtés. — Elle est en toilette.

Charlemagne, on n'a rien apporté encore pour moi ?

CHARLEMAGNE.

Non, Mademoiselle... (A part.) Tiens, elle s'est mise en habits de cérémonie.

JULIE.

Cela m'étonne, ou plutôt m'inquiète... Je vous prie, Charlemagne, d'aller vous assurer s'il n'a pas été remis à mon adresse un objet enveloppé dans du papier cacheté. Vous auriez la complaisance de me l'apporter avec précaution.

CHARLEMAGNE.

Et si le paquet n'est pas arrivé, que faudra-t-il en faire ?

JULIE, souriant.

Vous viendrez m'en avertir, cela suffira.

CHARLEMAGNE.

Très-bien, Mademoiselle. (Il sort.)

JULIE, seule.

Eugène se serait-il vanté ou plutôt trompé lui-même en disant qu'il n'avait rien oublié des divers achats qui restaient à faire ?... cette corbeille de fleurs qui devrait être ici...

CHARLEMAGNE, rentrant. Il porte un paquet assez volumineux et hermétiquement entouré de papier.

Voilà ce qu'un messager vient fort discrètement, m'a-t-on dit, d'apporter ici... Le paquet est bien à votre nom, mademoiselle Julie.

JULIE.

C'est celui que j'attendais. (Congédiant Charlemagne d'un geste amical.) Merci, Charlemagne.

CHARLEMAGNE, à part, et sortant après avoir posé le paquet sur un meuble.

Avec mademoiselle Julie, jamais le plus petit bavardage... C'est une bien respectable demoiselle !

SCÈNE VIII

JULIE, seule.

Voyons : Eugène nous a dit qu'il avait choisi pour le petit achat que je l'avais prié de faire pour moi, les fleurs les plus merveilleuses. (Elle déchire l'enveloppe du paquet, et l'on aperçoit une magnifique corbeille de fruits naturels et confits : pêches, ananas, guirlandes de tranches d'oranges glacées, de cédrat.) Les beaux fruits, les délicieuses sucreries !... Mais Eugène nous avait parlé d'une corbeille de fleurs... je me le rappelle bien... Il n'avait d'ailleurs nullement été question de fruits, ni de confiseries... il se sera trompé... Peu importe... cela vaut bien les plus belles fleurs du monde... et leurs parfums sont moins attrayants que ceux-là... Ces pêches tentent les lèvres par leur fraîcheur et par leur arome... (Elle en prend une.) Celle-ci est la plus belle, je dois la respecter. (Elle la remet en place et en prend une autre.) Celle-ci est la plus petite, et, bien que rien ne soit égal à son parfum, on pourrait la retrancher de la corbeille... (Après un moment d'indécision.) Non, l'harmonie en serait dérangée ! (Elle replace vivement la seconde pêche.) Mais une tranche de ces oranges... Un cristal de sucre les tient toutes réunies... Ah ! ces cerises confites... l'absence de quelques-unes ne paraîtra pas... Que dis-je ! elles forment le nom de mon cher tuteur... Mon tuteur... ah ! cette corbeille est ainsi digne de lui... Elle me devient sacrée... Et toutes ces friandises ne me tentent plus... Mon Dieu ! qu'il est facile, quand on le veut bien, de ne plus être gourmande !

SCÈNE IX

LOUISE, EUGÈNE, en habit, cravate blanche, etc.

EUGÈNE.

Victoire ! ma chère cousine ! nous touchons au port, et nous n'avons plus, que je sache, nul écueil à redouter...

JULIE.

Un des premiers au rendez-vous, Eugène !

EUGÈNE.

Que voulez-vous ! il ne me restait pas autre chose à faire...

JULIE.

Acceptez, cher cousin, mon éloge sincère sur votre activité.

EUGÈNE.

Vous me louez d'une chose qui m'a coûté beaucoup moins de peine que je ne le pensais, bien qu'il semblât qu'une mystérieuse influence multipliât les occasions de m'éprouver. La lettre du marchand de poudre provenait d'une erreur de son commis ; l'adresse de son confrère se trouvait fausse, par hasard ; notre cousin, empêché de nous prêter son concours, nous le rend tout à coup, que sais-je ! Tous ces embarras multipliés ont cédé devant un peu de courage. Aussi, puis-je bien affirmer que ce précieux courage ne m'abandonnera plus.

JULIE, désignant la corbeille de fruits.

Et ces fruits, en m'apprenant combien il est aisé de vaincre la gourmandise, m'ont donné une leçon que je n'oublierai pas.

EUGÈNE.

De quels fruits parlez-vous ?

JULIE.

De ceux-là, de ceux que vous avez eu la bonté d'acheter en mon nom, et qui doivent figurer ce soir...

EUGÈNE.

Je n'ai point acheté de fruits, mais une corbeille de fleurs, ainsi qu'il était convenu, je pense...

JULIE.

Vous parlez sérieusement ?

EUGÈNE.

Rien n'est plus certain que ce que je vous affirme.

JULIE.

En vérité ce jour est la journée des énigmes...

SCÈNE X.

Les Mêmes, LOUISE, en toilette.

LOUISE, qui a entendu les dernières paroles.

Et des conversions... Si notre secret bien gardé peut ajouter à la satisfaction de notre excellent père, de ton cher tuteur, Julie, il nous est enfin donné de lui voir goûter ce plaisir.

EUGÈNE.

Il n'est pas nécessaire de garder plus longtemps ce grand secret, et je viens de donner les dernières instructions pour la réalisation de notre charmant projet.

LOUISE.

Je vois que notre conscience n'a plus qu'à nous féliciter de nous être tenu parole à nous-mêmes.

TOUS TROIS.

Ah ! cela m'a paru bien facile !

EUGÈNE.

Qui nous a donc rendu si aisé ce que nous jugions si difficile ?

SCÈNE XI

Les Mêmes, M. GRANNEVILLE, puis CHARLEMAGNE.

M. GRANNEVILLE, leur tendant les bras.

Votre amour filial, mes chers enfants. (A Julie.) Je puis te donner aussi ce nom, ma bonne Julie... Votre amour filial dont je suis fier et heureux, puisqu'il produit des fruits aussi précieux. L'activité qu'Eugène a mise à préparer le divertissement destiné à célébrer ma fête, la discrétion de Louise touchant votre affectueux projet, la sobriété enfin de Julie, me seront plus doux encore que ce divertissement même auquel je prendrai cependant le plus grand plaisir.

TOUS TROIS.

Comment! vous saviez...

M. GRANNEVILLE.

Un père n'a-t-il pas, pour lire dans le cœur de ses enfants, son amour et sa sollicitude? Oui, oui, je savais vos répétitions, dans l'orangerie, du concert de ce soir; la décoration avec des fleurs, de cet endroit transformé aujourd'hui en salle de bal... Je savais tout cela, et moi-même j'ai fait naître sous vos pas les difficultés, je vous ai envoyé les tentations qui devaient tout à la fois vous servir d'épreuves et de leçons. Vous en êtes sortis triomphants et entièrement dignes de mon amour : quelle journée pourrait me paraître plus heureuse que celle-ci! (Il les embrasse.)

LOUISE.

Ah! nous l'apprenons aujourd'hui : la tendresse filiale!... Voilà le secret de toutes les vertus.

CHARLEMAGNE.

Eh mon Dieu! c'est le plus beau secret de Polichinelle.

LA PIÈCE DE CIRCONSTANCE

OU

LES TRIBULATIONS DE M. SAVANTIN

PETITE COMÉDIE EN PROSE

POUR LA FÊTE D'UNE MÈRE

PERSONNAGES

M. SAVANTIN, vieux professeur. | HENRIETTE.
ERNESTINE. | BABYLAS, jockey.

Un Salon.

SCÈNE PREMIÈRE

M. SAVANTIN, dans le fond, à la cantonade.

Ne perdez pas de temps, Mesdemoiselles. Vous n'avez plus que deux heures, deux petites heures pour finir de vous préparer. Songez que ces messieurs vont être prêts. (Il vient sur le devant.) Ce n'est pas une médiocre affaire que de composer une comédie de circonstance, d'en répartir convenablement les rôles, de les faire étudier, répéter... Dieu merci! j'espère m'être assez bien acquitté de cette tâche, et je crois que notre petite comédie aura du succès. Je ne dis pas cela parce que j'en suis l'auteur; je pense seulement qu'un autre n'aurait pas mieux fait... Ma peine, il est vrai, n'a pas été petite pour mettre nos jeunes comédiens improvisés en mesure de jouer leurs rôles d'une manière satisfaisante. Mais que ne ferait-on pas pour causer quelque plaisir à l'aimable dame que nous fêtons aujourd'hui, pour lui témoigner l'affection due à sa bonté, l'estime profonde que commandent ses rares qualités ! Aussi quelle ardeur chacun n'y a-t-il pas apportée ! les chères enfants de cette excellente personne nous donnaient sans cesse l'exemple du plus touchant empressement... Et le jockey Babylas lui-même m'a prié d'imaginer pour lui un compliment qu'il essaie d'apprendre depuis huit jours. Encore fallait-il mettre beaucoup d'esprit et de délicatesse pour louer le mérite de celle qui est si digne de nos hommages, car ce même mérite est embelli par une charmante modestie... la modestie, ce parfum de toutes les qualités ! Il me semble aussi avoir très-bien réussi à concilier tout cela. Si ce n'était pas moi qui eusse conçu, dirigé, conduit ainsi que je l'ai fait le projet de fête que nous allons réaliser, je me dirais que je suis un homme fort ingénieux, fort habile : mais je dois me borner à croire qu'on saura bien le penser et me le dire... Définitivement, la modestie est bien de toutes les qualités la plus belle et la plus rare ! Cela fait qu'à force de m'être occupé des autres, je me suis oublié moi-même... (Regardant à sa montre.) Bon ! il me reste encore une heure et demie : trois quarts d'heure pour songer à mon compliment, à moi... et trois quarts d'heure pour faire ma toilette, c'est tout ce qu'il me faut. (Il fait quelques pas en réfléchissant.)

SCÈNE II

M. SAVANTIN, BABYLAS, qui a un plumeau sous le bras et tient à la main un papier sur lequel est fixée toute son attention.

M. SAVANTIN, absorbé, et sans voir Babylas.

Me voilà tranquille, et j'entrevois une idée qui...

BABYLAS, de même, et déclamant.

Madame, je ne suis qu'un... (M. Savantin et Babylas se rencontrent et se heurtent. — Babylas, qui a failli être renversé :) Au voleur !

M. SAVANTIN, de même.

A l'assassin ! (Reconnaisant Babylas.) Animal ! brute !

BABYLAS.

Comment... c'est vous, Monsieur !

M. SAVANTIN.

Drôle, tu m'as fait perdre une idée magnifique...

BABYLAS, regardant autour de lui.

Je vais vous la chercher, monsieur Savantin.

M. SAVANTIN.

Quel démon t'amène aussi mal à propos ?

BABYLAS.

Un démon !... oh ! non pas ! mais un double devoir. Tout en terminant ma petite besogne, j'achevais de me mettre dans la tête le compliment que vous avez eu la complaisance de composer pour moi ; mais cela ne va pas vite, et comme je serais désespéré de ne pas exprimer à notre chère Madame le respectueux dévouement que je lui dois pour tant de raisons, je voulais vous prier de m'aider à loger dans ma mémoire votre petite machine...

M. SAVANTIN.

Qu'appelles-tu une petite machine ?

BABYLAS, montrant son compliment.

Cela donc !

M. SAVANTIN, blessé.

Mal-appris !

BABYLAS.

Excusez-moi, monsieur Savantin : je voulais dire votre petite bêtise.

M. SAVANTIN.

Laisse-moi, butor... je vois que tu ne feras guère honneur à mes peines... Il ne me reste plus que bien juste le temps de me préparer moi-même... (Il s'assied et se prend le front dans les deux mains.) Pourvu que je retrouve mon idée... Mon exorde avait quelque chose de brillant et de neuf, et je disais... Que disais-je donc ?

BABYLAS, de l'autre côté.

Madame...

M. SAVANTIN, avec distraction.

C'est cela même...

BABYLAS, continuant.

Je ne suis qu'un pauvre esprit, un âne, une bête en un mot, et cependant...

M. SAVANTIN.

Hein ! que dis-tu là ?

BABYLAS.

Je répète mon compliment... ne le connaissez-vous point... vous l'avez fait tout exprès pour moi...

M. SAVANTIN.

Ton compliment... à la bonne heure! tout le monde trouvera qu'il te convient parfaitement... Ah! si je pouvais tout de suite en trouver un qui fît aussi bien mon affaire...

BABYLAS.

Dame! monsieur Savantin, si vous voulez prendre le mien... vous le direz mieux que moi, et...

M. SAVANTIN, haussant les épaules.

Mon cher Babylas, vous ne dites jamais qu'une sottise à la fois, par la raison que vous ne sauriez en dire deux du même coup... Je vous prie d'étudier votre compliment tout bas... vous venez encore de me faire perdre une idée superbe.

BABYLAS.

Mais on ne va plus trouver que de cela, ici!

M. SAVANTIN, regardant à sa montre.

Plus que vingt minutes, mon Dieu!... Faisons un effort héroïque. (Il plonge de nouveau la tête dans ses deux mains.)

BABYLAS, qui époussette tout en étudiant son compliment.

« Madame... » hum!... « vous êtes un pauvre esprit et je suis un mulet... » Ce n'est pas cela... Ah! voilà : « Vous êtes un mulet et je suis... » Je me trompe encore... Voyons donc : « Madame, je ne suis qu'un pauvre esprit... » ah! oui, c'est cela... « un mulet... » non! « un âne... » (A monsieur Savantin.) Y a-t-il que je suis un mulet ou un âne, Monsieur...

M. SAVANTIN, furieux.

Va l'apprendre à l'écurie, animal!

BABYLAS.

Ne vous fâchez pas : j'achève d'épousseter et je vais aller prier le cocher de me faire répéter votre petite machine... non, je veux dire votre petite bêtise. (Il continue à épousseter en étudiant.) « Madame, je ne suis qu'un âne et un mulet... » en mettant les deux je ne risque pas de me tromper !... » une bête... (Babylas est arrivé, sans y faire attention, derrière M. Savantin, dont il époussette la tête.)

M. SAVANTIN, absorbé.

Il me semble que l'inspiration vient enfin chatouiller mon cerveau.

BABYLAS, qui a toujours les yeux sur son papier.

Une bête... une bête...

M. SAVANTIN.

C'est étrange... ça me chatouille toujours, ça me picote... et il ne vient rien. (Il porte la main à sa tête et saisit le plumeau.) Qu'est-ce que cela ?

BABYLAS, levant les yeux.

Ah ! mon Dieu ! moi qui perds là mon temps à vous épousseter ! je vous prenais pour notre vieux bahut !

M. SAVANTIN, poursuivant, avec le plumeau, Babylas qui s'enfuit.

Coquin, je vais t'épousseter à mon tour !

BABYLAS.

Eh ! monsieur Savantin, vous vous trompez de bout ! vous allez épousseter avec le manche !

M. SAVANTIN.

J'y compte bien, maraud !

BABYLAS.

Permettez alors que je coure après vos idées. (Il sort en courant. M. Savantin le poursuit jusqu'à la porte et lance le plumeau du côté où est sorti le jockey.)

SCÈNE III

M. SAVANTIN

Prenez donc de la peine pour faire quelque chose d'une pécore semblable... Et moi qui comptais... Par bonheur, il ne joue pas dans ma comédie, et, grâce à mes soins, je ne puis douter, maintenant, que du moins elle ne marche bien... L'envie de témoigner à sa maîtresse un attachement qu'elle sait inspirer à tous ceux qui l'entourent, fait tourner la tête au pauvre garçon ! (Ramassant des papiers épars sur un guéridon.) Depuis une heure, ce salon semble me porter malheur. Je suis, par moments, fataliste... On dit, il me semble, que beaucoup d'hommes de génie croient à la fatalité. Heureusement, il m'est facile de rompre le charme en regagnant, jusqu'au moment du dîner, mes petits pénates. (Il va vers le fond.) Hum ! je sens déjà mon esprit reprendre sa sérénité, sa légitime confiance en lui-même et son juste espoir d'un succès mérité...

SCÈNE IV

HENRIETTE, M. SAVANTIN

HENRIETTE, entrant vivement par la gauche.

Monsieur Savantin ! monsieur Savantin !

M. SAVANTIN, se retournant.

Qu'est-ce... qu'y a-t-il? L'heure de se mettre à table serait-elle déjà arrivée ?

HENRIETTE.

Non, non, ce n'est pas cela, heureusement !

M. SAVANTIN.

Oui, heureusement... car, vous le voyez, et je vous en fais mes excuses, Mademoiselle, je n'ai pas encore eu le temps de quitter ma robe de chambre et mon bonnet de soie... mais notre répétition générale, le choix des costumes, la mise en place des décors m'ont tellement occupé depuis ce matin...

HENRIETTE.

Et vous avez fait tout cela, monsieur Savantin, avec une activité, une intelligence admirables.

M. SAVANTIN, avec une fausse modestie.

Vous me flattez, mademoiselle Henriette, et j'ai tout bonnement fait les choses en homme d'esprit... Tout a été prévu, perfectionné, décidé de la meilleure façon; permettez-moi donc d'aller...

HENRIETTE, le retenant.

Ne vous en allez pas encore, monsieur Savantin, j'ai quelque chose de fort important à vous demander.

M. SAVANTIN, regardant de nouveau sa montre.

Dites-le-moi donc bien vite, car je crains...

HENRIETTE.

Vous savez que c'est moi qui chante la petite romance de votre comédie...

M. SAVANTIN.

Certainement je le sais, puisque j'ai versifié ce morceau tout exprès pour vous, que je vous l'ai fait répéter vingt fois... Eh bien, n'est-il pas...?

HENRIETTE.

Oh! il est fort joli, monsieur Savantin.

M. SAVANTIN, se rengorgeant.

Vous me flattez encore, Mademoiselle... fort joli, c'est beaucoup dire... très-beau, c'est possible.

HENRIETTE.

Comme il vous plaira... J'aurais désiré, cependant, qu'il peignît avec quelques couleurs plus vives, la tendresse dont mon cœur est rempli pour la meilleure des mères. Il me semble ne pas le lui dire autant ni aussi bien que je le voudrais, que je le ressens... Je crois, en vérité, que j'y emploierais tous les instants de ma vie entière sans lasser ni satisfaire entièrement ce cœur touché, reconnaissant de tant de bontés maternelles.

M. SAVANTIN.

Je comprends cela; mais, par Jupiter! je ne pouvais pas vous faire une romance qui eût autant de couplets qu'il doit y avoir d'heures, de jours ou de mois dans les années que vous avez à vivre... Et la romance dont nous parlons renferme une allégorie...

HENRIETTE.

Très-poétique, mais que je vous prie d'allonger un peu...

M. SAVANTIN.

Y songez-vous? dans trois quarts d'heure on va se

mettre à table... j'ai encore mon bonnet de nuit... Vous n'aurez, après le dîner, que le temps nécessaire pour vous costumer... Ce que vous me demandez là est impossible.

HENRIETTE, avec une fausse résignation.

Alors, n'en parlons plus, mon cher monsieur Savantin.

M. SAVANTIN.

Fort bien! vous voilà raisonnable... et je puis enfin aller... (Il se dirige vers le fond.)

HENRIETTE, s'asseyant.

Je ne chanterai pas la romance, voilà tout.

M. SAVANTIN, revenant vivement.

Qu'est-ce que vous dites là, grands Dieux?

HENRIETTE.

Je dis que j'aime mieux ne pas chanter la romance, que d'exprimer à ma chère mère à peine la moitié de ce que je serais si heureuse de lui témoigner aujourd'hui.

M. SAVANTIN.

Mais alors il faudra supprimer ce morceau?

HENRIETTE.

Vous le supprimerez... vous aurez, sans doute, assez de temps pour cela. Vous voyez que je ne suis pas contrariante, moi!

M. SAVANTIN, avec désespoir.

Une romance que j'appellerais un chef-d'œuvre, si je n'en étais pas l'auteur!... Ce n'est pas tout : comme elle composait tout votre rôle, on sera forcé de le retrancher aussi.

HENRIETTE.

Vous le retrancherez aussi : ce sera moins long assurément que d'y ajouter un couplet... et j'en suis bien aise pour vous.

M. SAVANTIN, s'animant de plus en plus.

Mais, par Junon! le dénoûment de la pièce reposait tout entier sur ce rôle!

HENRIETTE, froidement.

Eh bien! votre comédie n'aura plus de dénoûment.

M. SAVANTIN, d'une voix étranglée.

Ma comédie n'aura plus de dénoûment!

HENRIETTE.

C'est votre affaire, et vous le voulez ainsi... (se levant.) Je ne veux pas, moi, vous faire perdre davantage votre temps... Au revoir, monsieur Savantin... soyez tranquille, si vous avez une actrice et un dénoûment de moins, vous aurez parmi les spectateurs une admiration et un claqueur de plus. (Elle va pour sortir.)

M. SAVANTIN.

Arrêtez, cruelle enfant... Votre désir est basé sur un sentiment respectable et qui mérite qu'on essaie de faire un miracle de génie... Ma pauvre comédie, que je vois menacée d'un funeste échec, en est bien digne aussi... Allons! je vais, en faisant ma toilette, vous improviser quelques vers. (s'essuyant le front.) J'en deviendrai fou comme Babylas... Quant à mon compliment particulier, je m'en remettrai à l'inspiration du moment...

HENRIETTE, joyeuse.

Cher monsieur Savantin, vous êtes l'homme le plus complaisant, le plus habile de la terre.

M. SAVANTIN.

Je serais presque tenté d'en douter.

HENRIETTE.

Non, non... vous verrez comme on applaudira votre belle romance... l'espoir de causer un peu de bonheur à ma mère me fera faire des prodiges à moi aussi. (Elle sort.)

SCÈNE V

M. SAVANTIN, seul.

Bien m'en prenait de me croire au bout de mes peines! N'avais-je pas raison de dire que ce salon me devenait fatal... Dieu merci! rien ne m'empêche plus de le quitter... (Il va vers le fond.)

SCÈNE VI

M. SAVANTIN, ERNESTINE, avec une charmante coiffure suissesse.

ERNESTINE, entrant par la droite.

Monsieur Savantin... monsieur Savantin... attendez un instant!

M. SAVANTIN, se laissant tomber avec découragement dans un fauteuil.

Encore!... Quelque sorcière maudite a jeté ici un des plus mauvais sorts... Ah! suppôt de Satan, infâme vieille, si je te tenais...

ERNESTINE, effrayée.

Ah! mon Dieu! après qui en avez-vous ainsi?

M. SAVANTIN.

Je ne sais...

ERNESTINE.

Vous avez l'air furieux!

M. SAVANTIN.

Moi! je suis gai comme une potée de sauterelles, et j'en ai bien sujet... Voyons, que pouvez-vous avoir à me dire? venez-vous me demander aussi d'alonger votre rôle?

ERNESTINE.

Pas du tout. . Je le trouve fort joli, et, grâce à vos excellents conseils, j'espère le dire assez bien.

M. SAVANTIN, se levant.

Vous êtes une demoiselle pleine d'esprit et de raison, vous! Aussi j'aurais le plus grand plaisir à vous écouter, si l'heure...

ERNESTINE.

Oh! je ne vous retiendrai pas longtemps... Regardez-moi, monsieur Savantin!

M. SAVANTIN, distraitement.

Je vous regarde!

ERNESTINE.

Eh bien! que fait cela?

M. SAVANTIN.

Cela fait... que je vous vois!

ERNESTINE.

Mais vous ne faites donc pas attention à ma coiffure!

M. SAVANTIN.

Votre coiffure... c'est vrai... Eh! mais elle est charmante... ce petit chapeau de Suissesse est très-joli ; ces grandes nattes font un fort bel effet.

ERNESTINE, sautant de joie et frappant des mains.

Je suis enchantée d'avoir votre approbation. Je ne me suis fait d'avance coiffer que pour cela.

M. SAVANTIN, à part.

La belle raison de me faire perdre là les derniers moments .. (Haut.) Mais à quel sujet cette coiffure des filles de l'Helvétie?

ERNESTINE.

Vous me le demandez...

M. SAVANTIN.

En vérité, je ne devine pas...

ERNESTINE.

C'est la coiffure de mon costume de ce soir.

M. SAVANTIN.

Quel costume?

ERNESTINE, s'impatientant.

Le costume de mon rôle!... du rôle de la comédie... Vous dites que vous êtes pressé, monsieur Savantin, et vous semblez courir après des énigmes.

M. SAVANTIN, de même.

Est-ce ma faute, à moi, si vos discours ressemblent à ceux du Sphinx, fils d'Echidna et de Typhon... De quel rôle, de quelle comédie venez-vous me parler à propos d'un costume de Suissesse?

ERNESTINE.

De quelle comédie voulez-vous que je vous parle,

si ce n'est de la vôtre, celle que nous devons jouer ce soir, et dans laquelle j'ai le plaisir de remplir le rôle de la señora Inésille et... (Elle fait quelques pas de danse en imitant avec ses doigts le bruit des castagnettes) de danser le fandango !

M. SAVANTIN, à part.

Je veux être changé en cruche, s'il n'y a pas encore là-dessous quelque nouvelle diablerie ! (Haut.) Mais, enfant étourdie que vous êtes, puisque vous vous appelez Inésille, c'est que, dans cette comédie, vous représentez une jeune Espagnole, et vous ne pouvez pas danser le fandango en costume suisse... La scène, d'ailleurs, se passe à Burgos ; vous êtes la fille d'un farouche hidalgo... Le costumier s'est trompé d'habits : il faut qu'il en rapporte d'autres... C'est un petit malheur qui sera bien vite réparé, Dieu merci !

ERNESTINE.

Non, non, le costumier ne s'est point trompé... c'est moi qui ai eu l'idée, l'heureuse idée de lui demander ceux-ci.

M. SAVANTIN, avec une fureur mal contenue.

L'idée... l'heureuse idée... Ah ! c'est vous qui avez eu l'idée...

ERNESTINE.

Sans doute, et je suis bien décidée à la mettre à exécution.

M. SAVANTIN, qui retombe désespéré dans un fauteuil.

Voilà pour m'achever, moi et ma comédie !

ERNESTINE.

Je vais vous dire en deux mots comment elle m'est venue... La grand'maman de ma grand'maman...

M. SAVANTIN, à part.

Elle va me raconter maintenant l'histoire de sa trisaïeule !

ERNESTINE.

Était née en Suisse... Vous entendez, monsieur Savantin, en Suisse...

M. SAVANTIN.

Elle l'a fait exprès pour me faire enrager !

ERNESTINE.

Maman en a conservé un vieux portrait qu'elle aime beaucoup... J'ai pensé ajouter au plaisir que nous voulons donner ce soir à cette bonne mère, en me montrant à elle sous le même habillement que celui de ce portrait... Je ne pouvais le faire que dans votre comédie, et voilà pourquoi je jouerai mon rôle en habits de Suissesse.

M. SAVANTIN.

Ainsi, une admirable comédie va devenir une œuvre ridicule parce que la grand'maman de votre grand'maman a eu la malice de naître à Berne ou à Schaffhouse !

ERNESTINE.

Non, mais parce que rien ne me semble au-dessus d'une satisfaction que je puis donner à une mère que j'aime le plus tendrement du monde.

M. SAVANTIN, soupirant.

A cela je n'ai rien à répliquer... Et moi-même je sacrifierais toutes les comédies du monde au plaisir d'être agréable à une aussi excellente dame.

ERNESTINE.

Mais il n'est point nécessaire d'y sacrifier celle d'aujourd'hui, mon cher monsieur Savantin... (Le câlinant.) Avec votre esprit vous aurez bientôt arrangé ce qu'il faut pour qu'elle marche bien.

M. SAVANTIN.

Eh! mon Dieu, ce n'est pas l'esprit qui me manque! (Se levant.) mais le temps!... arranger cela!... à l'heure qu'il est. Toute une famille de Savantin n'y suffirait pas... (Regardant à la fenêtre.) Voyez, voici les invités qui commencent à arriver... (Regardant à sa montre.) Six heures! six heures du soir, et je suis encore en pet-en-l'air!

ERNESTINE.

Les invités... Je n'ai moi-même que le temps de quitter ce chapeau... Monsieur Savantin, faites vite une petite coupure à mon rôle. (Elle sort en courant.)

SCÈNE VII.

M. SAVANTIN, seul.

Puissé-je n'entendre jamais parler de rôles... de comédie... de fêtes... Nous allons avoir un joli chaos... Il me semble déjà entendre les huées m'accabler, moi qui devais, avec tant de raison, être porté aux nues... Quelle chute!... La fureur d'Oreste n'eût été que du petit lait à côté de celle qui m'étouffe, et, comme le trop misérable fils d'Agamemnon, je défie mon mauvais destin d'augmenter mes infortunes. (Il va pour sortir.) J'avais tort! En voici bien une autre... La galerie qu'il me faut traverser se remplit d'invités... Je ne puis pourtant pas me montrer à eux en... Allons! il n'y a que cette manière d'éviter ce comble de catastrophes.(Il agite une sonnette.) Je n'ai pas le choix des moyens. (Il agite de nouveau la sonnette.) Que fait donc Babylas... (Il sonne de nouveau.) L'animal est-il devenu sourd? (Il sonne et appelle tout à la fois.) Babylas!... Babylas!

SCÈNE VIII.

BABYLAS, M. SAVANTIN.

M. SAVANTIN.

Drôle, voilà dix fois que je sonne!

BABYLAS, tranquillement.

Monsieur se trompe, il n'a sonné que quatre fois... J'étais à l'écurie, où j'achevais d'apprendre mon compliment... Je le sais maintenant sur le bout du petit doigt... Écoutez cela, monsieur : « Madame, je ne suis... »

M. SAVANTIN, le prenant à la cravate.

Tais-toi, bourreau!

BABYLAS.

Eh! Monsieur, comment voulez-vous que je dise votre petite machine... Non... votre petite bêtise, si je me tais...

M. SAVANTIN, lâchant Babylas.

Ne fais qu'un saut jusqu'à ma chambre; prends-y discrètement mon habit ainsi que ma perruque, et apporte-les-moi sans que l'on s'en aperçoive.

BABYLAS, qui arrange tranquillement sa cravate.

Je vais être obligé de refaire le nœud de ma cravate !

M. SAVANTIN.

Ne m'as-tu pas entendu, faquin !

BABYLAS.

J'ai fort bien entendu Monsieur... Monsieur m'a dit de ne faire qu'un saut jusqu'à la perruque de Monsieur et d'apporter ici la chambre de Monsieur... Monsieur voit donc bien que je l'ai entendu, et je m'empresse d'obéir à Monsieur. (Il sort après s'être regardé dans un miroir.)

SCÈNE IX.

M. SAVANTIN, seul.

Pourvu qu'il revienne à temps... Je suis sur des pointes de paratonnerre... (On entend une cloche.) Le dîner... Babylas arrivera trop tard !

SCÈNE X.

M. SAVANTIN ; HENRIETTE, entrant vivement par la droite ; ERNESTINE, accourant par la gauche, puis BABYLAS.

HENRIETTE.

Monsieur Savantin, ma romance !

ERNESTINE.

Monsieur Savantin, ma coupure !

M. SAVANTIN, exaspéré.

Vous me rendrez idiot, stupide comme Babylas !

BABYLAS, entrant par le fond.

Monsieur me fait l'honneur de m'interpeller...

M. SAVANTIN.

Ah ! Dieu merci ! te voilà... Donne vite... Qu'est-ce que cela ?

BABYLAS.

Dame, Monsieur, vous étiez tellement pressé, que votre habit et votre perruque ne me tombant pas sous la main, je vous ai apporté à leur place votre canne et votre tabatière, que j'ai trouvées tout de suite.

HENRIETTE, riant.

C'est fort ingénieux.

ERNESTINE, de même.

On peut appeler cela une commission promptement faite.

M. SAVANTIN.

Me voilà réduit à me coiffer avec ma tabatière et à m'habiller avec ma canne ! (On entend un coup de sonnette dans la coulisse.)

HENRIETTE.

Babylas, on vous sonne.

BABYLAS.

J'y vais, Mademoiselle. (A part.) Ah çà ! je vais avoir autant de besogne sur les bras que monsieur Savantin, moi. (Il sort.)

ERNESTINE.

Allons ! mon cher monsieur Savantin, reprenez courage.

HENRIETTE.

Votre désespoir me cause une peine sincère... Je chanterai ma romance telle qu'elle est.

ERNESTINE.

Je jouerai mon rôle en habits espagnols.

M. SAVANTIN.

Merci, mes chères demoiselles, mais votre complaisance ne fera pas que je puisse me présenter à table en... Et que va-t-on dire, si je me fais attendre, moi, dont le devoir, comme instituteur de vos frères, est de leur donner l'exemple de la bienséance et de l'exactitude... Et puis l'on ne saurait aller maintenant chez le costumier, et en revenir à temps... Non, non, rien ne peut m'épargner la honte dont je vais être couvert.

BABYLAS, rentrant.

Une lettre pour Monsieur.

M. SAVANTIN, prenant et décachetant la lettre que lui présente Babylas.

Qui peut...

HENRIETTE ET ERNESTINE.

Lisez... lisez vite.

M. SAVANTIN, lisant.

« Mon cher monsieur Savantin, je sais toutes les
« peines et les soins que vous avez pris pour mettre
« ma famille bien-aimée à même de célébrer ma fête
« de la manière la plus agréable pour moi. Je vous en
« suis infiniment reconnaissante, et suis bien assurée
« de vous devoir à tous un des plus doux plaisirs de
« ma vie. Pour aider, en retour, au succès de votre

« petit divertissement et vous donner tout le loisir
« possible de vous en occuper, j'avais décidé que
« notre dîner serait, aujourd'hui, précédé d'une pro-
« menade à laquelle j'ai invité quelques personnes...
« Nous vous laissons donc, pour une heure, maître
« de toute la maison... » (Agitant la lettre au-dessus de sa tête.)
Nous sommes sauvés!... Et il ne fallait pas moins que
l'inépuisable et ingénieuse bonté de cette chère dame
pour nous tirer de peine... Mais cette cloche...

HENRIETTE.

Qui appelait les invités de maman à la promenade...

M. SAVANTIN.

M'avait fait une belle peur...

BABYLAS.

Monsieur désire-t-il que je lui reporte sa canne et
sa tabatière, dont il n'a plus besoin maintenant?

M. SAVANTIN.

Allons terminer nos préparatifs... Je ne doute plus
à présent, mes chers enfants, de votre succès... car
la gratitude filiale, qui est le devoir le plus sacré,
trouve sa récompense, non-seulement dans le conten-
tement de ceux auxquels elle s'adresse, mais encore
dans sa propre satisfaction.

HUITIÈME PARTIE

PETITES PIÈCES DE VERS
POUR
DISTRIBUTIONS DE PRIX

STROPHES

POUR UNE DISTRIBUTION DE PRIX

I

Un grand jour approchait, jour triste ou glorieux,
Où tout écolier voit une égale balance
Décider sa défaite ou bien la récompense
D'un mérite éclatant, d'efforts victorieux.

II

De ce grand jour c'était la veille.
Un écolier dormait... O prodige ! ô merveille !
A peine le sommeil avait, sur ses yeux clos,
    Secoué ses pavots,

Deux sylphes, ou plutôt deux ombres éthérées,
Deux lutins gracieux, aux ailes azurées,
    Apparurent à son chevet ;
Et remplissant les airs de molles harmonies,
Ces sylphes, ces lutins, ces aimables génies
Étendirent la main sur l'enfant qui rêvait.

III

    L'enfant tressaillit sur sa couche
    Et laissa tomber de sa bouche
    Ces mots : « Oh ! qui donc êtes-vous,
    Beaux anges aux regards si doux ? »
    Alors, d'une voix pleine et forte,
    L'un s'exprima de cette sorte :

IV

    « Je suis le TRAVAIL, et c'est moi
    Qui combats sans cesse les vices ;
    C'est moi qui comble de délices
    Ceux qui suivent ma sainte loi.
    On ne craint pas, sous ma bannière,
    Ce monstre affreux nommé l'*ennui*,
Fils de l'*oisiveté*, mauvaise conseillère,
    Qui marche toujours avant lui.
Des affligés c'est moi qui soulage les peines,
Des esclaves c'est moi qui brise aussi les chaînes ;

Je fais naître la joie et la moralité,
Mon aide au sol ingrat rend la fécondité ;
Contre ses passions quand le riche m'implore,
Il trouve en moi toujours un refuge certain.
  Je donne au pauvre, qui m'honore,
La dignité de l'âme en lui donnant son pain ;
  J'apporte à l'enfant la science,
Je le fais triompher de la triste ignorance,
Et quand, pour un moment, il se livre aux plaisirs,
  Je lui rends plus doux ses loisirs. »

. . . .

Il se tut, et ces mots dans l'air vibraient encore,
Lorsque l'autre, à son tour, dit d'une voix sonore :

V

« Moi, je suis l'ÉMULATION,
Et je rends le travail agréable et facile ;
  Je suis son glorieux mobile.
  J'ai pour mère l'*Ambition* ;
  Ma sœur, on la nomme la *Gloire*,
  Ma fille a pour nom la *Victoire*. »

VI

L'enfant, ravi, les écoutait tous deux,
  Lorsque soudain un ange radieux
Apparut ; sur son front brillait une auréole.
« Qui donc es-tu, bel ange ? » Et lui prit la parole :

VII

« Je suis l'Amour filial, et je viens
M'unir à vous par de sacrés liens.
Quand tu pâlis, jeune enfant, sur tes livres,
Quand au travail assidu tu te livres,
Quand le désir d'éclipser tes rivaux
Te rend léger le poids de tes travaux,
C'est mon souffle divin, c'est ma céleste flamme
Qui te remplit le cœur et qui t'embrase l'âme.
Le travail, l'émulation,
Que seraient-ils sans moi? peut-être une chimère.
Tu dirais : Remporter des succès? à quoi bon?
Je réponds : Songe, enfant, à ton père, à ta mère ;
Pour tes travaux, couronnes et lauriers,
Pour tes lauriers les plus tendres baisers !
Chaque fois que résonne
Un nom vainqueur, chaque fois qu'il se donne
Une couronne, un prix,
Le père alors triomphe avec le fils.

STROPHES

A CHANTER OU A RÉCITER

POUR UNE DISTRIBUTION DE PRIX

I

C'est aujourd'hui la fête de famille,
C'est aujourd'hui qu'on proclame les prix !
Dans tous les cœurs la joie éclate et brille
Que de bonheur, que de chants et de ris !
Le père, ému, de qui le front rayonne,
Voit son enfant monter aux premiers rangs
Son fils, joyeux, lui porte sa couronne :
Ah ! qu'il est doux d'avoir de bons parents.

II

Déjà le maître est debout sur l'estrade,
Il dit un nom... c'est celui d'un vainqueur
Et pour fêter leur jeune camarade,
Tous ses amis applaudissent en chœur.

La jalousie, ici, s'éteint et cesse :
Vainqueurs, rivaux mêlent leurs sentiments ;
Sa mère aussi partage son ivresse :
Ah ! qu'il est doux d'avoir de bons parents.

III

Dans ce beau jour, que de rêves de gloire
Un père heureux forme pour l'avenir !
Son fils, déjà sacré par la victoire,
Est général... ou peut le devenir !
Tous ne vont pas, dans ce monde, *à Corinthe ;*
Peu sont élus, beaucoup sont aspirants :
Oui, mais son fils l'aime d'une amour sainte ;
Ah ! qu'il est doux d'avoir de bons parents !

IV

Là-bas, un père est soucieux et penche
Son front chagrin qu'il cache dans sa main ;
A qui succombe il reste une revanche,
Son fils vaincu peut la prendre demain !
Ah ! que son cœur se rouvre à l'espérance,
Petits poissons un jour deviendront grands ;
Pour redoubler de zèle et de vaillance,
Ah ! qu'il est doux d'avoir de bons parents !

V

Des invités qu'à la fête on convie,
Plus d'un, hélas ! dégoûté du présent,
Plus d'un voudrait recommencer la vie,
Dût-il apprendre encor le rudiment !
Avec l'enfant retournant à l'école,
Plus d'un voudrait être encor sur les bancs.
On rajeunit quand un fils vous console :
Ah ! qu'il est doux d'avoir de bons parents !

VI

Mais ce n'est tout de payer notre dette
A nos parents ; nos maîtres, à leur tour,
Pour qu'aujourd'hui la fête soit complète,
Eux ont aussi des droits à notre amour ;
Eux qui, chargés de cette tâche rude,
Guident nos pas : nous sommes leurs enfants.
Conservons-leur respect et gratitude :
Nos professeurs sont presque nos parents !

STROPHES

POUR UNE DISTRIBUTION DE PRIX

DE JEUNES DEMOISELLES

PREMIÈRE ÉLÈVE.

Que nos voix, de cet heureux jour,
Ainsi que dans les chœurs antiques,
Mes sœurs, s'élevant tour à tour,
Chantent les douceurs symboliques !
Il offre maint enseignement,
Car ici nous trouvons l'image
D'un autre monde, et doucement
Nous en faisons l'apprentissage.

DEUXIÈME ÉLÈVE.

Dans ce monde, dont tout chemin
A parcourir est difficile,
Qui, pour nous, s'ouvrira demain
En sombres orages fertile,
De même qu'ici, chères sœurs,
Le saint travail et la science,

Ces deux anges gardiens des cœurs,
Trouvent leur juste récompense.

TROISIÈME ÉLÈVE.

Hélas ! si, dans ce jour charmant,
Toute âme n'est pas satisfaite,
Sachons voir un enseignement
Dans le chagrin d'une défaite.
Mes sœurs, pour atteindre le but,
Qu'elle nous enseigne à mieux faire.
Notre succès est le tribut
De tout effort noble et sincère.

QUATRIÈME ÉLÈVE.

Pour vous, dont nuls regrets amers
Ne doivent troubler l'allégresse,
En voyant par des cœurs bien chers
Partager cette douce ivresse,
Puissiez-vous l'apprendre en ce jour ;
Notre bonheur est leur ouvrage :
A leur fécond et saint amour
Sachons sans cesse en faire hommage.

CINQUIÈME ÉLÈVE.

Puissent-elles à notre cœur,
Ces charmantes expériences,
Apprendre que notre bonheur
Est dans les pures jouissances ;

Que loin d'elles il n'est pour nous
Que déception bien amère,
Que le premier bien, le plus doux,
Est le saint amour d'une mère!

NEUVIÈME PARTIE

COMÉDIES EN VERS

POUR

DISTRIBUTIONS DE PRIX DE JEUNES GENS

OU DE DEMOISELLES

LE
ROI DE LA MALICE

PETITE COMÉDIE EN VERS

POUR UNE DISTRIBUTION DE PRIX DE JEUNES GENS

PERSONNAGES : PÉGAZINUS, professeur. M. DUMAILLE, père de Victor. PAUL, élève. VICTOR, élève. CASQUE-A-MÈCHE, garçon de salle. ÉLÈVES. — *Le parloir d'un collège.*

SCÈNE PREMIÈRE

VICTOR, assis, le front dans une main ; CASQUE-A-MÈCHE, coiffé d'un bonnet de coton, un plumeau d'une main et un balai de l'autre.

CASQUE-A-MÈCHE, époussetant, à Victor.

A mon humble plumeau pardonnez, je vous prie,
De venir mettre fin à votre rêverie.
C'est qu'aujourd'hui, Monsieur, je veux me signaler.

Sur le papier on dit que vous faites briller
Votre plume savante, et que de sa science
Vous allez recevoir la juste récompense,
Partager tout à l'heure, avec de chers rivaux,
Le fruit bien mérité de vos nobles travaux...
Je prétends qu'à son tour mon petit ministère
Me fasse recueillir quelqu'éloge sincère ;
Car tout autant que vous, Messieurs, j'ai, Dieu merci!
Mon amour-propre, et suis

Montrant son plumeau.

homme de plume aussi !...
Ces livres, ces lauriers qu'à grands frais l'on prépare,
Vous rendent tout pensif.

VICTOR.

Un instant nous sépare
De l'heure où ces lauriers, objets de mille vœux,
Vont faire seulement, hélas! quelques heureux,
Et tromper tant d'espoirs!

CASQUE-A-MÈCHE.

C'est le sujet, sans doute,
Qui vous faisait rêver !

VICTOR.

Tour à tour je redoute,
Et, de mes vains désirs, appelle ce moment.

CASQUE-A-MÈCHE.

Monsieur Pégazinus vous dirait savamment
Qu'à l'honnête homme Dieu donna la rêverie
Pour... rêver ! Or...

VICTOR.

As-tu, bavard, l'effronterie

D'appeler de ce nom un digne professeur ?

CASQUE-A-MÈCHE.

Depuis longtemps, Monsieur, il en est possesseur.
De votre cousin Paul la malice féconde
Sut l'en gratifier... Il n'est pas dans le monde
D'esprit plus inventif que monsieur Paul, je croi :
Ne m'a-t-il pas donné le nom superbe, à moi,
Le nom de Casque-à-Mèche...

Levant son bonnet de coton.

A ma chaude coiffure,
Cet honneur, je le dois!

VICTOR.

Oui, Paul est, par nature,
Toujours prêt à montrer son fol entraînement
A la malice, au jeu...

CASQUE-A-MÈCHE.

Je le trouve charmant,
Ce monsieur Paul, à moins que de cette malice
Moi-même, cependant, à mon tour je pâtisse !

A ce moment, Paul paraît dans le fond ; il s'approche à pas de loup de Casque-à-Mèche, qui lui tourne le dos, et attache, sans que celui-ci s'en aperçoive, une longue ficelle à la mèche de son bonnet de coton, puis va se placer à l'entrée de la coulisse.

SCÈNE II

PAUL, VICTOR, CASQUE-A-MÈCHE.

CASQUE-A-MÈCHE.

Il m'a plus d'une fois berné ; mais aujourd'hui
Je n'ai certainement rien à craindre de lui.

Ces prix si glorieux qu'une main équitable
Va bientôt décerner, d'un désir fort louable
Doivent uniquement occuper son esprit.

VICTOR.

Le classique laurier n'est pas ce qu'il chérit.

PAUL, dans le fond, à part.

D'occuper leurs discours puisqu'ils me jugent digne,
Bien vite payons-les de cet honneur insigne.

CASQUE-A-MÈCHE.

Oh ! je suis bien tranquille...

> Paul, dans le fond, enlève vivement, et au moyen de la ficelle dont il a conservé un bout, le bonnet de coton de Casque-à-Mèche, et disparaît.

CASQUE-A-MÈCHE, criant et portant les mains à sa tête.

Ah ! Monsieur ! Au voleur !

> Regardant autour de lui.

Mais non... Mon cher bonnet !

PAUL, qui se montre à demi et étouffe ses rires.

Bien joué !

CASQUE-A-MÈCHE

Quel malheur !

VICTOR.

Pour quel motif gémir et crier de la sorte ?

CASQUE-A-MÈCHE, désespéré.

Le vent ou bien le diable, en ce moment, emporte
Mon noble couvre-chef, qui fuit je ne sais où !

VICTOR.

Casque-à-Mèche, je crois que vous devenez fou.

PAUL, qui a mis le bonnet de coton dans sa poche.

J'arrive tout ému... Quels cris viens-je d'entendre ?

CASQUE-A-MÈCHE.

L'aventure, Monsieur, va beaucoup vous surprendre.

PAUL.

D'avance, je le sens : j'en suis émerveillé.

D'une voix sérieuse et dramatique.

Mais d'abord, Casque-à-Mèche, es-tu bien éveillé?
Mon ami, vous avez un air de somnambule...
Effrayant!

CASQUE-A-MÈCHE, tremblant.

Ah! mon Dieu!... j'ai l'air..

PAUL, éclatant de rire.

Fort ridicule!

CASQUE-A-MÈCHE.

Songeriez-vous, Monsieur, à vous moquer de moi?

VICTOR, à Paul.

Te feras-tu sans cesse un mérite, une loi
De tourmenter les gens? Fais un meilleur usage
De ton esprit, cher Paul.

PAUL, ironiquement.

Tu parles comme un sage!

VICTOR.

A nos succès je sais que tu ne prétends pas.

PAUL.

Oui, la gloire scolaire a pour moi peu d'appas ;
Le plaisir est un lot qu'ici je leur préfère.
Tu songes aux honneurs, toi...

VICTOR.

Je songe à mon père.

SCÈNE III

Les Mêmes, M. DUMAILLE et PÉGAZINUS,
qui sont entrés par le fond et ont entendu les dernières paroles.

PÉGAZINUS, à Victor.
Cette réponse eût fait un fort beau vers latin !
Pourquoi toujours parler français, petit mutin ?

M. DUMAILLE, serrant la main de Victor.
Merci pour le bonheur, cher fils, que tu me donnes.

CASQUE-A-MÈCHE, à part.
Maître Pégazinus !

PAUL, à part.
Et mon oncle avec lui !

VICTOR, à son père.
Ne me louez pas trop... La fortune, aujourd'hui,
Peut trahir mon espoir.

PÉGAZINUS.
Grecs et latins, je pense,
Un flambeau dans la main figuraient l'espérance,
De l'autre elle tenait...

M. DUMAILLE, emmenant son fils vers le fond.
De qui fait son devoir
Le sort entièrement ne peut tromper l'espoir.

Ils continuent à causer tout bas.

PÉGAZINUS.
C'est ce qu'en vers latins, Messieurs, je voulais dire.

PAUL, à part.
Seulement pour le grec ou les vers il respire !

PÉGAZINUS.

Et vous avez trouvé...

CASQUE-A-MÈCHE, vivement.

Mon bonnet de coton?

PÉGAZINUS.

Hein?

CASQUE-A-MÈCHE.

Mon bonnet!

PÉGAZINUS.

Que vient me chanter cet oison?

Que fais-tu là?

CASQUE-A-MÈCHE.

Je dors... je suis un sot, une oie

PÉGAZINUS.

Va-t'en au diable!

CASQUE-A-MÈCHE.

Et puis au diable l'on m'envoie!...
Peut-être il me rendra mon couvre-chef perdu.

Il sort.

PAUL, à part.

De sa triste aventure il reste confondu!

SCÈNE IV

M. DUMAILLE ET VICTOR dans le fond;
PÉGAZINUS, PAUL.

PÉGAZINUS, réfléchissant.

Quelle langue : latine, ou grecque, ou syriaque,
Ici dois-je choisir?...

PAUL, à demi-voix.
Celle d'un maniaque!

PÉGAZINUS, distraitement.
Je pense comme vous... Va donc pour le *sanscrit!*

PAUL, à part et se frappant le front.
D'un tour original l'idée à mon esprit
Tout à coup vient s'offrir...

Pendant les vers suivants, il tire le bonnet de coton de sa poche et le met adroitement dans celle de Pégazinus.

PÉGAZINUS, absorbé.
En vers ou bien en prose?
Nul, je crois, n'entendit jamais de discours tel
Que celui-là...

PAUL.
Plus haut que la tour de Babel,
Vous vous élèverez, Monsieur!

PÉGAZINUS, se redressant.
A mon service
J'ai dix langues au moins...

PAUL.
Le superbe édifice
D'*ithos* et de *pathos!*

M. DUMAILLE, à son fils, et revenant avec lui sur le devant de la scène.
Sans craindre le remords
Tu peux être vaincu... Je connais tes efforts!

VICTOR.
Votre tendre bonté me donne du courage,
Et je vais bravement faire tête à l'orage!

PÉGAZINUS.

De votre fils, Monsieur, vous pourrez être fier.

M. DUMAILLE.

Parlons encor de lui...

PÉGAZINUS, distrait de nouveau.

Je résolus hier,
Mon cher Monsieur, d'en faire un fort bel *hexamètre*.

M. DUMAILLE, riant.

Comment, en vers latins, Monsieur, vous voulez mettre
Mon cher Victor?... Les vers vous tiennent trop au cœu

PÉGAZINUS.

Je parle du discours où je dois du vainqueur
Exalter les efforts... d'un superbe distique...
Jamais on n'écrivit rien de plus pathétique...

VICTOR.

Rien n'est plus paternel, j'en suis sûr...

PAUL, ricanant.

Plus sensé!

PÉGAZINUS.

A le bien débiter je me suis exercé!

M. DUMAILLE.

Je suis certain, Monsieur, qu'il est rempli de charmes.

PÉGAZINUS, tirant de sa poche le bonnet de coton qu'il prend
pour un mouchoir et qu'il porte à ses yeux.

Peut-être fera-t-il couler de douces larmes!

PAUL, à part et étouffant ses rires.

En rêve, il se pourrait que ce joli mouchoir
Bien vite transformât ce pathétique espoir...
A me bien divertir, ah ! comme je m'apprête!

On entend le bruit d'une cloche ou le roulement d'un tambour.

VICTOR.

Déjà !

PÉGAZINUS.

C'est le signal de notre douce fête !

PAUL, étonné et à lui-même.

Dans mon cœur... je ne sais quel vague sentiment
De regret, de chagrin... s'élève en ce moment.

A M. Dumaille.

Vous ne me parlez pas, mon oncle, de ma mère !

M. DUMAILLE, froidement.

Elle est là... parmi nous... Elle attend, elle espère...
Ah ! puissiez-vous combler aujourd'hui son espoir !

PAUL, baissant la tête.

Je pensais n'embrasser ma mère que ce soir.

PÉGAZINUS.

Ma foi, pour aujourd'hui laissons le syriaque.

M. DUMAILLE.

A mon poste je cours,

Faisan le signe d'applaudir.

car je suis de la claque !

PÉGAZINUS.

Il me reste le grec, le latin...

Il sort.

VICTOR.

Le français !

M. DUMAILLE.

Ce dernier suffirait : avec même succès
Il serait mieux compris !...

M. Dumaille serre la main de son fils et sort.

SCÈNE V

VICTOR, PAUL

VICTOR.

     Viens-tu prendre ta place
Parmi nous, mon cher Paul?

  PAUL, avec dépit.

      Que veux-tu que j'y fasse?

  VICTOR.

Pourquoi cet air chagrin...

  PAUL.

      Que t'importe mon air?

 Avec un dépit croissant.

Sous le poids des lauriers, ainsi que toi, mon cher,
Je ne compte pas voir fléchir ma *noble* tête;
Et, moi, je ne suis point un héros de la fête!

  VICTOR, regardant dans la coulisse.

Vois nos amis courir à la salle des prix!
Ils se pressent...

 On entend des rires et des exclamations.

  PAUL.

    Quels sont ces rires et ces cris?

  VICTOR.

Un grand cercle est formé. Casque-à-Mèche y pérore.
Dans leur troupe rieuse, oui, j'aperçois encore
Le linguiste savant...

  PAUL.

  Maître Pégazinus.

VICTOR.

Qui, je crois, leur adresse...

PAUL.

Un beau discours en *us*,
Où fleurissent l'ellipse et la docte hyperbole

On entend de nouveaux rires et des applaudissements.

VICTOR.

Mais la bande, en riant, se disperse et s'envole...
Et tes meilleurs amis viennent de ce côté.

SCÈNE VI

PAUL, VICTOR, PLUSIEURS ÉLÈVES

LES ÉLÈVES, bruyamment.

Bravo !

PREMIER ÉLÈVE.

Du dieu Momus, Paul a bien mérité !

DEUXIÈME ÉLÈVE.

Seul il put concevoir la comique aventure
Qui fit à Casque-à-Mèche et perdre sa coiffure
Et du plaisant larcin de son bonnet perdu,
Accuser un savant...

TROISIÈME ÉLÈVE.

Vouloir qu'il soit pendu !

PAUL, se redressant.

Messieurs, vous me comblez. En effet, c'est moi-même...

LES ÉLÈVES, applaudissant.

Vive Paul !

PAUL, à part, avec une sotte vanité.

M'affliger était sottise extrême.
On m'applaudit aussi... on me couronne, moi!
Du jeu, de la malice, ici je suis le roi!

TOUS.

Oui! oui!

PREMIER ÉLÈVE.

A ta couronne ajoutant un fleuron,
Avec respect je veux d'un bonnet de coton
Y suspendre, cher Paul, la mèche glorieuse!

PAUL, piqué.

Ton image, mon cher...

VICTOR.

Semble assez peu flatteuse.

TROISIÈME ÉLÈVE.

Des fruits de ce qu'on sème il faut se contenter.

PAUL.

Je ne vous en veux pas, et vais vous raconter
Une autre invention que je crois fort nouvelle.

On entend un second roulement de tambour ou une deuxième sonnerie de cloche.

PREMIER ÉLÈVE.

Réserve ton récit...

DEUXIÈME ÉLÈVE.

Le tambour nous appelle
A des plaisirs plus doux.

Il sort avec une partie de ses camarades.

PAUL, au premier élève.

Il suffit d'un moment...

LE PREMIER ÉLÈVE.

Je compte sur deux prix...

Il sort.

PAUL, au troisième élève.

Écoute seulement,
Mon cher Benjamin...

LE TROISIÈME ÉLÈVE.

Non, j'ai trop d'impatience
De savoir si je dois de quelque récompense
Voir mes efforts suivis...

Ils sortent tous vivement.

SCÈNE VII

PAUL, seul.

Un plaisir bien plus doux
Les attend, les appelle... Il fait l'espoir de tous!
De tous ces chers amis, pas un qui ne me quitte
Et ne semble me fuir pour y courir plus vite!...

Il s'assied avec découragement.

Quelques mots mensongers de vaine affection,
Quelques bravos railleurs d'une admiration
Par tant d'efforts d'esprit, chaque jour méritée,
Par un dur châtiment bien souvent achetée,
Voilà donc tout l'honneur, le prix qu'il m'est permis
D'attendre, d'espérer de ces tendres amis!...
Les méchants, les ingrats... c'est là ma récompense!
De leur estime ici je fais l'expérience!

On entend des applaudissements, et une mélodie accompagne toute la fin de cette scène.

De la fête de tous, moi seul je suis exclu !

  Avec un faux air d'indifférence.

Que m'importe, après tout, puisque je l'ai voulu !...
A lui-même on prétend que l'homme de génie
Se suffit ici-bas...

  Nouveaux applaudissements.

      Encor !... Je vous renie,
Je vous hais, faux amis !... car je sens que de vous,
Aujourd'hui... malgré moi... mon esprit est jaloux.

  Nouveaux applaudissements.

Que de cœurs paternels, en ce moment, bondissent
De bonheur ou d'espoir !

  Nouveaux applaudissements.

       Ces bravos retentissent
Dans l'âme d'une mère...

  Nouveaux applaudissements. Paul, cédant à un entraînement irrésistible, s'élance vers l'endroit d'où ils partent.

        Ah ! je veux une part
Aussi de vos succès, de vos...

  S'arrêtant.

       Il est trop tard !

  Il retombe assis, la tête dans ses deux mains.

L'étude et le travail ont seuls droit de prétendre
A ces nobles honneurs...

SCÈNE VIII

PLUSIEURS ÉLÈVES, traversant joyeusement la scène, et portant des livres et des couronnes; VICTOR.

PREMIER ÉLÈVE.

Du père le plus tendre,
Ah! je cours partager l'orgueil et le bonheur!
DEUXIÈME ÉLÈVE.
Deux prix!.. Pour mon cher oncle, et pour moi quel honne
TROISIÈME ÉLÈVE.
Mes succès n'auront pas comblé mon espérance;
Mais d'avoir combattu j'aurai la conscience :
De ma mère et des miens les doux embrassements
Me tiendront tour à tour lieu d'encouragements!
LES ÉLÈVES, à Paul.
Adieu, Paul!
PREMIER ÉLÈVE.
Trouve-nous, pour la prochaine année,
Quelque bon tour.
PAUL, furieux.
Au diable!...

Les élèves sortent en riant.

SCÈNE IX

PAUL

Oh! la sotte journée!...
Mais elle se termine, et je puis, Dieu merci,

L'oublier... Mais tout seul me laisse-t-on ici ?
Il se lève.
Je sens à chaque instant s'accroître une tristesse
Contre laquelle en vain je lutte... elle me presse...
D'une funeste erreur est-elle donc le fruit?
Je l'entends murmurer... et voudrais, dans le bruit,
Étouffer cette voix... Victor... Charles... Personne !
Enfin voici quelqu'un. .

SCÈNE X

PAUL, CASQUE-A-MÈCHE, agitant son bonnet de coton.

CASQUE-A-MÈCHE.

      Monsieur, je vous le donne
En cent à deviner, en mille...

PAUL.

      Tes rébus
Ne sont pas de mon goût...

CASQUE-A-MÈCHE.

      Maître Pégazinus,
Par vous si bien nommé...

PAUL.

      Laisse là ta sottise.
Apprends-moi si ma mère...

CASQUE-A-MÈCHE.

      Il faut que je vous dise...

PAUL.
Sur tout autre sujet je ne veux t'écouter.

CASQUE-A-MÈCHE.

Fort bien! Vous ne sauriez, de longtemps, vous douter
En quel endroit je l'ai reconnu tout à l'heure?

PAUL.

Assurément; achève.

CASQUE-A-MÈCHE.

Ah! Monsieur, que je meure
Si je ne l'eusse pas cent fois cherché partout,
Excepté là... J'en vis sortir un petit bout...
De la poche...

PAUL.

La poche?

CASQUE-A-MÈCHE.

Oui, Monsieur.

PAUL.

Qui donc, traître?

CASQUE-A-MÈCHE.

Mon bonnet de coton!...

PAUL, le prenant au collet.

Ah! je ne suis plus maître
De mon dépit!

CASQUE-A-MÈCHE, criant.

Monsieur!

PAUL.

Je te dis de parler
De ma mère...

CASQUE-A-MÈCHE.

Elle vient, Monsieur, de s'en aller!

PAUL, lâchant Casque-à-Mèche.

Me laisser prisonnier et sans un baiser d'elle!

Suis-je donc si coupable? Ah! vous êtes cruelle,
Ma mère...

SCÈNE XI

M. DUMAILLE, PÉGAZINUS, VICTOR, PAUL, CASQUE-A-MÈCHE.

M. DUMAILLE, qui a entendu les dernières paroles de Paul.
Elle a voulu vous dérober les pleurs
Que mettaient dans ses yeux vos coupables erreurs,
L'humiliation de son amour blessée
Dans son plus saint orgueil.
VICTOR.
Et la tête baissée
Sous le poids du chagrin, je l'ai vue partir.
PAUL, la tête dans ses mains.
Inutiles regrets, ô tardif repentir!
J'ai fait pleurer... rougir... J'ai fait pleurer ma mère!
VICTOR, à M. Dumaille.
Mon cher père, voyez : son remords est sincère.
M. DUMAILLE, à Paul.
Puisse cette leçon, afin de t'éviter
De plus cruels chagrins, ici te profiter.
PAUL.
Oh! j'ai bien mérité, dans ma folie extrême,
Qu'on me fuie... et voudrais me fuir aussi moi-même.
PÉGAZINUS.
Pour réparer le mal, le ciel nous a donné
Le repentir...

A M. Dumaille.

  Monsieur, que Paul soit pardonné!

  PAUL, serrant les mains de Pégazinus.

L'indulgence et l'honneur parlent par votre bouche.
Combien cette bonté, mon cher maître, me touche!
J'en suis indigne... et veux la mériter un jour!
Je veux...

  M. DUMAILLE, tendant les bras à Paul, qui s'y précipite.

  Embrasse-moi, cher Paul; à notre amour,
Ah! je te vois rendu!...

  PÉGAZINUS.

    On pourrait, j'imagine,
Faire sur ce sujet quelque strophe latine!

  CASQUE-A-MÈCHE, vivement.

Un sujet? le voici : Mon bonnet de coton!

  PAUL.

Puis-je donc espérer un généreux pardon?
Oserai-je...

  PÉGAZINUS.

  Il n'est point, enfant, de peine amère
Qui résiste aux baisers d'un fils et d'une mère!

LES RÉCOMPENSES COMIQUES

PETITE COMÉDIE EN VERS

POUR DISTRIBUTION DE PRIX DE DEMOISELLES

PERSONNAGES

La Sous-Maîtresse.
Augustine, élève.
Lucie, élève.

Fanny, élève.
Irène, élève.
Élèves.

Lieu de la scène : Le Parloir d'un pensionnat.

SCÈNE PREMIÈRE.

AUGUSTINE, assise devant un miroir; LUCIE.

LUCIE, entrant, et avec volubilité.

Je te trouve à propos... Tu connais la nouvelle?

AUGUSTINE.

Parle-moi d'autre sorte et dis : Mademoiselle !

LUCIE.

Oh! comme tu voudras moi je t'appellerai,
Et, si cela te plaît, même je te dirai :
Madame la marquise...

AUGUSTINE.

              Allons, dis-moi ton conte ;
N'es-tu pas un écho de tout ce qu'on raconte ?

LUCIE.

On m'accuse, il est vrai, de perdre à babiller
Le temps que vous mettez à vous bien habiller.

AUGUSTINE.

Qui parle de cela ?... quelques langues méchantes ;
Crois-moi, n'imitons point ces filles médisantes.

LUCIE.

Bien dit ! Et je reviens à mon point de départ ;
Du chagrin général tu vas prendre ta part :
Ma chère, comme nous, vous pensez, tout à l'heure,
Déserter, pour un mois, cette triste demeure
Où l'on fait du silence une barbare loi.

AUGUSTINE.

A cet espoir faut-il renoncer ?

LUCIE.

                      Oui !

AUGUSTINE.

                          Pourquoi.

LUCIE.

Ah ! chacune de nous en vérité l'ignore ;
Mais cela nous désole, et je regrette encore
De ne pouvoir le dire...

AUGUSTINE.

              Enfin, quelle raison, —
Les prix étant donnés, — peut dans cette maison
Nous faire demeurer ?...

LUCIE.

Un odieux caprice !
De nos fâcheux tyrans voilà bien la justice...

SCÈNE II.

LUCIE, AUGUSTINE, FANNY, tenant une longue tartine de confiture.

FANNY.

C'est à désespérer ! J'en mourrai, c'est certain !
Elle mord dans sa tartine.
J'espérais, aujourd'hui, d'un succulent festin
Aller prendre ma part... et me voilà captive !

LUCIE.

D'un plaisir légitime est-il bien qu'on nous prive...

FANNY.

A me laisser mourir je songe en ce moment !
Elle se remplit la bouche.

LUCIE, riant.

Oh ! ce ne sera pas de faim, assurément.

AUGUSTINE.

S'il est de cet arrêt un motif raisonnable,
Il eût fallu pour être, il me semble, équitable,
Excepter de la loi quelques-unes de nous...

FANNY.

Celles qui méritaient d'avoir un sort plus doux.

LUCIE, admirant sa taille.

Les plus dignes, enfin, soit par leur modestie..

FANNY, *mordant à plusieurs reprises dans sa tartine.*

Par la sobriété...

LUCIE, *vivement.*

Dis aussi, je te prie,
Par leur discrétion... Et cette injuste loi
Ne m'aurait pas atteinte, assurément...

FANNY, *la bouche remplie.*

Ni moi !

AUGUSTINE, *frisant ses cheveux.*

Je pourrais bien aussi prétendre au bénéfice
De cette exception.

LUCIE.

Oui, si dame justice
Était plus juste, ici...

FANNY, *se bourrant de pain et de confitures.*

Mais d'inanition
Nous la voyons mourir.

LUCIE, *avec volubilité.*

Et, sans prévention,
On pourrait ajouter, hélas! que la pauvrette,
Ainsi qu'un pot à beurre, est bien sourde et muette.

AUGUSTINE.

Ce qui fait qu'aujourd'hui je n'obtins qu'un seul prix

FANNY.

Et moi qu'un accessit... chacun en fut surpris.

LUCIE.

A moi l'on n'a donné, comme faveur bien grande,
Qu'un *encouragement*... Est-ce, je le demande,
Pour se moquer?...

TOUTES LES TROIS.

La sotte!

AUGUSTINE.

Eh quoi!

LUCIE.

Que dis-tu là?

FANNY.

Plaît-il?

LUCIE.

Ah! n'allons pas pour nous prendre cela.

FANNY.

Eh mais...

AUGUSTINE.

Écoute donc.

LUCIE.

Non! nous parlions, je pense,
Et de dame justice et de l'impertinence
Qu'elle fait voir ici.

FANNY, achevant sa tartine.

J'en perdrai l'appétit!

LUCIE.

Moi je me tais.

AUGUSTINE.

Fort bien!

LUCIE.

Autrement, le dépit
Pourrait m'en faire dire, à ce sujet, de belles !
Ne me serait-il pas permis, Mesdemoiselles,
De dire qu'en nos cœurs on affaiblit ainsi
Le juste amour du bien... Puis cela, puis ceci...

LUCIE.

Vous avez tout pouvoir, car de Madame, ici,
Vous êtes le ministre : allez, à votre guise,
Lui déclarer nos vœux, ou, par votre entremise,
Faites que nos désirs soient bientôt satisfaits!

LA SOUS-MAITRESSE, avec douceur.

Je veux bien, mes enfants, me rendre à vos souhaits;
Je veux les combler si, d'une humble sous-maîtresse,
Comme gage il vous plaît d'accepter la promesse.

AUGUSTINE, à Lucie.

A nos vœux comme elle a facilement cédé!

FANNY, aux deux jeunes filles.

Cela semble étonnant!

LUCIE.

Ah bah! c'est décidé,

A la sous-maîtresse.

Nous acceptons!

LA SOUS-MAITRESSE.

Fort bien... Le hasard vous amène
Une complice.

LUCIE.

Oui : la paresseuse Irène!

SCÈNE IV.

LES MÊMES, IRÈNE, entrant nonchalamment.

LUCIE, se levant et courant à Irène.

Tu sais...

IRÈNE, prenant un fauteuil.

Permettez-moi tout d'abord de m'asseoir.

LUCIE, *continuant.*

Qu'un arrêt...

IRÈNE.

J'en rêvais...

Elle bâille.

FANNY.

A cinq heures du soir !

IRÈNE.

Je pensais... si tu veux, qu'il nous faudrait encore
Demain nous éveiller, nous lever à l'aurore.

AUGUSTINE.

Mais contre cet arrêt nous avons protesté !

IRÈNE, *d'une voix trainante.*

C'est bien fait !

AUGUSTINE.

Nous avons voulu que l'équité
Triomphât aujourd'hui. C'est assez, tu le penses,
Comme nous, d'avoir vu que tant de récompenses
Aient, ce matin, trahi notre espoir et nos vœux,
Que...

IRÈNE.

Tu parles pour moi, car tu parles pour deux.

FANNY.

A notre opinion je vois que tu te ranges.

IRÈNE.

De ces dames aussi je trouve fort étranges
Les arrêts et les lois... J'en suis, sans me vanter,
Un exemple qu'ici, je crois, on peut citer.
Tandis que sur les fronts on posait ce feuillage
Qui d'un talent précoce est parmi nous le gage,

13.

Je ne sais pas comment, j'étais à sommeiller,
Et pas le moindre prix ne me vint éveiller !

LA SOUS-MAITRESSE.

Vous deviez espérer en avoir davantage...

Irène fait un mouvement de satisfaction.

En songe !

IRÈNE, avec dépit.

Cependant, il est un vieil adage,
Dont j'aime, on ne peut plus, le doux enseignement,
Et qui dit que pour nous le bien vient en dormant...

LUCIE.

La répartition, juste ou mal ordonnée
De ces prix, maintenant, est chose terminée ;
On n'y peut revenir...

FANNY.

Laissons donc ce sujet.

LA SOUS-MAITRESSE.

Non pas, chères enfants ; et voici mon projet :
J'ai quelques livres dont je prétends à ma mode
Vous faire le partage ; écoutez ma méthode :
D'injustes vous taxez nos lois, nos jugements.
Pour éviter ici les mêmes compliments,
Vos compagnes seront les juges du mérite
De chacune de vous ; et vous pourrez ensuite
Les juger à leur tour...

FANNY.

Oh ! cela nous plaît fort !

AUGUSTINE.

Bravo !

LUCIE.

Nous acceptons.

LA SOUS-MAITRESSE.

      Puis celles que le sort
De ces communs arrêts aura favorisées,
Je vous le garantis, seront autorisées
A recouvrer ce soir leur douce liberté.

FANNY.

Je pourrai donc goûter le bonheur projeté !

IRÈNE.

Je pourrai donc enfin dormir tout à mon aise !

EUGÉNIE.

Acheter mes rubans, mon collier et ma *fraise !*

IRÈNE, dolente.

Ces livres, où sont-ils ?

LUCIE.

     Moi, je cours prévenir
Nos compagnes.

LA SOUS-MAITRESSE.

Restez...

Regardant dans la coulisse.

       Je les entends venir.
Je leur ai fait savoir mon désir, ma promesse
Et voyez, d'accourir chacune ici s'empresse !
Les livres nous seront donnés dans un moment.

SCÈNE V.

LES MÊMES, PLUSIEURS ÉLÈVES, entrant en tumulte
et avec des cris de joie.

LES ÉLÈVES.

Vive Mademoiselle !

PREMIÈRE ÉLÈVE.

Oui, bravo !

DEUXIÈME ÉLÈVE.

C'est charmant !

LA SOUS-MAITRESSE, désignant un des côtés de la scène.

Qu'ici le tribunal prenne d'abord sa place !

Les élèves se placent du côté désigné. — Une domestique apporte un paquet de livres et plusieurs couronnes qu'elle pose sur une table, derrière laquelle s'assied la sous-maitresse de manière à faire, du fond de la scène, face au public.

TROISIÈME ÉLÈVE.

Mademoiselle, et moi, que faut-il que je fasse ?...

LA SOUS-MAITRESSE.

Vous, recueillez les voix...

La troisième élève, pendant toute cette scène, va interroger tout bas ses camarades et vient dire, ainsi qu'il est indiqué, leur réponse à la sous-maitresse.

LA SOUS-MAITRESSE, désignant le côté de la scène opposé à celui où les élèves se sont assises.

Ici, les candidats !

Augustine, Irène, Lucie et Fanny vont s'asseoir de ce côté.

LUCIE.

Souvent on va me voir parmi les lauréats.

AUGUSTINE.

Et moi de même.

FANNY.

Et moi !

IRÈNE.

Comme vous, moi je pense.

LA SOUS-MAITRESSE, à qui la troisième élève est venue parler bas.

Les voix ont prononcé... C'est bien !

TOUTES.

Pour qui?... Silence.

LA SOUS-MAITRESSE, à Fanny.

Mademoiselle, un prix est à vous décerné.

FANNY, se rengorgeant.

Je crois qu'avec justice il peut m'être donné.

Elle vient prendre le livre et en lit le titre.

Le Parfait cuisinier !... Le... prix de gourmandise !
Oh ! je suis le jouet d'une sotte méprise !

TOUTES, applaudissant.

Non, non... Très-bien... Bravo !

FANNY, retournant s'asseoir, la tête basse.

Quelle confusion !

LUCIE.

Allons, console-toi... Mais, sans illusion,
On pourrait espérer être un peu mieux traitée !

LA SOUS-MAITRESSE, à Lucie.

La récompense qui par vous fut méritée
La voici, mon enfant.

LUCIE, qui a été prendre le volume.

Le livre est des plus beaux.

AUGUSTINE, qui a lu le titre par-dessus l'épaule de Lucie.

Le titre, en même temps, paraît des plus nouveaux !

LUCIE, lisant le titre tout haut.

Histoire d'une Pie, ou d'une Babillarde...

Avec dépit.

Certes, ce n'est pas moi que ce conte regarde !

Continuant à lire.

Grand prix de bavardage... A moi !...

TOUTES, applaudissant.

Très-bien jugé !

Lucie va tristement reprendre sa place.

AUGUSTINE, à Lucie.

Ce livre, tout exprès, pour toi fut rédigé !

LA SOUS-MAITRESSE.

Pour Augustine, encor voici que l'on me donne
Avec un nouveau livre une verte couronne.

AUGUSTINE, qui est allée prendre le livre et les couronnes,
et lisant le titre du volume.

Des mille et un moyens divers de se coiffer...
Prix de coquetterie...

Elle se rassied avec colère.

IRÈNE, à Augustine.

Ah ! tu dois triompher :

Ce livre est un trésor et doit beaucoup te plaire.

LA SOUS-MAITRESSE, à Irène.

Celui-ci vous est dû... recevez-le, ma chère,
Et peut-être ne vous conviendra-t-il pas moins !

IRÈNE, qui a pris le livre dont elle lit le titre.

La Clef des songes !... Le...

PREMIÈRE ÉLÈVE.

J'en veux pour seuls témoins

Tes yeux que le sommeil semble alourdir sans cesse :
Ce prix te convient fort...

IRÈNE, achevant de lire.

Premier prix de paresse !

Après un moment de confusion.

Un prix de cette sorte a pour moi peu d'appas ;
S'il faut le recevoir, du moins je ne veux pas

Lui devoir un plaisir payé de tant de honte :
Je resterai ce soir !

    LUCIE, se levant.

      Ah ! la rougeur me monte
Pareillement au front, et je renonce aussi
A la faveur promise.

   AUGUSTINE, se levant en même temps que Fanny.

     Et toutes deux ici
La repoussons de même.

    Se tournant vers les élèves et avec dignité.

      Une leçon sévère
Par vous nous est donnée, et je saurai, j'espère,
En tirer mon profit.

    FANNY.

     Elle était juste, hélas !

    IRÈNE.

Ah ! je m'en souviendrai.

    LUCIE.

      Je ne l'oublîrai pas !

   AUGUSTINE.

Elle m'aura montré que, bien plus qu'on ne pense,
On a besoin souvent d'une douce indulgence.

    LUCIE.

Et que nous la trouvons dans l'esprit et le cœur
De celles que nous fit accuser une erreur,
Dont un prompt repentir peut nous absoudre à peine.

  LA SOUS-MAITRESSE, allant à elles et les embrassant.

Je ne me berçais pas d'une espérance vaine :
Voilà les sentiments que j'ai dans votre esprit
Désiré ramener...

FANNY.

Vous y verrez écrit
Désormais notre amour et notre gratitude.

LA SOUS-MAITRESSE.

Des fêtes de ce soir c'est un heureux prélude!

TOUTES.

Quelles fêtes...

Ce soir?

LA SOUS-MAITRESSE.

Avec un grand régal
Vous aurez aujourd'hui le concert et le bal.

TOUTES, battant des mains.

Quel bonheur!

C'est charmant!

Un dîner!

Une fête!

LA SOUS-MAITRESSE.

Il est temps, mes enfants, que chacune s'apprête
Pour ce beau festival... Voilà le grand secret
Qui de votre courroux fut aujourd'hui l'objet...
Ah! puissiez-vous le voir par cette expérience,
Enfants; il ne faut pas toujours sur l'apparence
Juger de notre amour : se cachât-il parfois,
Gardez-vous d'oublier jamais ses saintes lois!

APPENDICE

VARIANTES

PREMIÈRE PARTIE.

Compl. Vers.
- 2   6. De l'amour de ta fille.
- 3   1. Parmi toutes les fleurs, j'ai bien longtemps cherché
-      6. Par votre exemple.
-    12. A ce bonheur par vous goûté
-    19. Avec l'amour qui dicte mon hommage.
- 7   1. Pour vous le révéler.
- 8   3. Ton fils a composé.
- 9 1 et 2. Oui, pour notre bonheur, vous semblez, ô ma mère,
  Renaitre, et le Seigneur exauce la prière.
-    8. Vous dire.
-    10. Vous sembliez perdue.
- 11 et s. L'horrible maladie, hélas ! pesait sur vous,
  Vous minait lentement, vous prodiguait ses coups,
  Et l'effroi dans nos cœurs balançait l'espérance.
  Combien m'a fait souffrir, mère, votre souffrance !
  Que de nuits sans sommeil et que de tristes jours !
  De votre mal sans cesse interrogeant le cours,
  De toutes vos douleurs, ô douloureux spectacle !
- 10   18. Père, les vœux.

Compl.	Vers.
11	1. Chère maman.
	3. Te souhaitant.
	7. Je t'aime, mon cher père, et te le dis sans style.
	Je t'aime, bonne mère, et te le dis sans style.
	8. Oui, je t'aime.
12*	1. Permettez, ici, cher père.
	Permettez, chère mère.
	Permets, ma chère mère.
	3. Je te raconte.
	6. De t'exprimer mes vœux.
	24. Enfant, c'est le cœur de ta mère.
	25. Entre tes bras pressé.
14	6. Bonne mère, je t'aime.
15	1. Ta fête, bonne mère.
	3. Votre fils, en ce jour.
	Ta fille, en ce beau jour.
	Votre fille, en ce jour.
	7. Aimer, aimer sa mère.
	8. (*Erratum.*) « Ce bien est mon trésor. »
	Ma mère, crois-le bien.
	Père, croyez-le bien.
	Mère, croyez-le bien.
	10. L'amour de votre fils.
	De ta fille, l'amour.
16	1. Jalouse désormais de combler tous vos vœux.
	2. Je saurai, bonne mère.
	4. Et devenir un élève.
17	2. Le ciel vous rend.
	4. Mère, te voilà de retour.
	7. Entre vos bras oubliera vite.
	9. Ma mère, on prétend.
	12. De l'amour d'une mère.
	15. Ma mère a voyagé.
	16. Pour elle, mon amour, non, non, n'a point changé.
18	1. Oui, le jour où naquit ma mère.
	6. Vous faire naître.

Compl. Vers.

       7. Vous comptant.

       8. Mit sur terre un ange de plus.

19   16. Mère, qu'il soit béni.

         Ou bien, au lieu des quatre derniers vers :

         Oui, la vie est un bien pour qui sait, comme vous,
         Suivre la juste loi d'un Dieu si bon, si doux.
         Sur votre front serein, il écrit Espérance,
             Vertu, Charité, saint Amour.
           Oui, cent fois soit béni le jour,
           Le beau jour de votre naissance.

20   9. Cette chose sacrée est l'amour d'une mère.
       Cette chose sacrée est l'amour d'un bon père.

22   3. De mon amour.

       9. Que j'ose vous prier.

     11. Aux présents les plus beaux, mon cœur.

  13 ets.   Chers parents, ma félicité
           Deviendrait sans égale,
        Si vous donniez, d'une main libérale,
          Pour mesure votre bonté
          A ma tendresse filiale.

23   20. Vous, mon bon père, et vous, chère maman.

25   1. Comblé par vous.

     11. De vous plaire.

     12. C'est vous aimer toujours, et c'est toujours ne faire.

26   1. Je voulais vous offrir.

27   4. Je voulais aujourd'hui vous l'offrir, mais soudain.

     17. Sans peine vous pouvez comprendre cet emblème.

29   3. Est, ma chère maman, une heureuse journée.

      8. Grand'mère, direz-vous.
       Diras-tu.

     12. A ton exemple.

30   7. Pour ton cher petit fils.
       Pour ta petite fille une bonté nouvelle.

      8. De son amour.

DEUXIÈME PARTIE.

Compl. Vers.

2   2. Que tes bontés.
      3. Dont les yeux dans ton cœur sans cesse peuvent lire.
      7, 8, 9, 10 :
        Ma mère... Du Seigneur, la consolante loi
          Un jour me l'a rendue.
        Oui, je l'ai retrouvée en toi,
          Cette mère perdue.
      13. Dont tes bontés.
      16. Accepte l'hommage sincère.

3   2. De te plaire.
      11. Par toi.
      9, 10, 11 et 12 (pour une demoiselle) :
        Hélas ! ne m'ont semblé, de mon profond amour
        Etre l'expression ou l'image fidèle.
          De vous, j'ai reçu chaque jour
        Des bienfaits... Quelle fleur, ah ! fût-ce la plus belle.
      22, 23, 24 :
        Il vaut bien les plus longs discours.
        Que dans mes actions il soit permis toujours
          D'en voir l'image.

4   12. Tu me causes.
      13. Je te dise.
      15. Aime-moi bien ta vie entière.

8   4. De l'orpheline.

9   3. Peut-être vas-tu dire.
      4. Ma tante d'échapper.
      7. Tu puisses.
      13. Te faire entendre.
      15. A te donner.
      18. Qui m'attachent à toi, de jour en jour m'inspire.
      20. D'être digne de toi. Je ne dois pas te dire.

Compl.	Vers.	
	21.	Enfin que tes vertus.
	23.	Je te débite.
	25.	Dont je te sens l'objet.
10	1.	Chère tante.
		Aux vrais et profonds sentiments.
	3.	Cher oncle et chère tante, il faut bien que j'accepte.
14	2.	Te complimenter.
	6.	Te faire entendre.
	7.	De te le dire.
15	11.	Je tiens de toi tant de dons précieux.
	14.	Sous ton image.
23	8.	Du Christ, monsieur l'abbé, suivant la sainte loi.
	16.	Vous, monsieur l'abbé, vous...

SIXIÈME PARTIE.

Pages.	Lignes.	
128	18.	Berthe, j'ai donc deux voix.
129	10.	Ah! Berthe, d'Anatole.
	30.	Berthe toujours m'empêche.
130	15.	Que Berthe, maintenant.
	27.	Berthe, je te dirai.
131	25.	Berthe, tu vas trop loin.
133	23.	Viens, Berthe, approche-toi.
	28.	Elle a la bouche close.
	30.	De cette enceinte, allez gourmande, allez poussah!
137	22.	Berthe qui me paraît.
138	18.	Et je suis consolée... Ah! les mains.

FIN.

TABLE.

PREMIÈRE PARTIE.

COMPLIMENTS EN VERS POUR PÈRE, MÈRE, GRAND-PÈRE ET GRAND'MÈRE.

	Page.
A un père pour le jour de sa fête................................	1
Un jeune enfant à un père...	1
A un père..	2
Autre..	3
A un père convalescent...	4
Une toute petite fille à sa mère......................................	4
A une mère..	5
Un jeune enfant à sa mère...	6
A une mère..	6
A un père ou à une mère......... 7, 8, 9, 10, 11, 12, 13 et	14
A un père, à une mère, ou à des pères et mères.........	14
Un petit enfant à ses parents.......................................	15
A un père et à une mère............................ 15, 16 et	17
A un grand-père...	18
A une grand'mère...	19
Autre..	20
A un grand-père ou à une grand'mère.........................	21
Autre..	21
Autre..	22
A un grand-père ou à une grand'mère.........................	23
Autres... 24 et	25

DEUXIÈME PARTIE.

COMPLIMENTS EN VERS POUR BEAU-PÈRE, BELLE-MÈRE, ONCLE, TANTE, PARRAIN, MARRAINE, ETC., ETC.

A un beau-père...	27
A une belle-mère...	28
A un beau-père ou à une belle-mère............................	29
A un oncle...	30
Autre..	31
Un jeune enfant à sa tante..	31
Un jeune enfant orphelin...	32

	Pages.
A un oncle ou à une tante	32
A un oncle et à une tante	34
A un frère aîné	34
A un parrain	35
Autres	36 et 37
Une jeune fille à sa marraine	37
A une marraine	38
Une petite fille à une marraine	39
A un tuteur	39
Autre	40
A un père adoptif ou à un bienfaiteur	41
Autre	42
A une bienfaitrice	43
A un ecclésiastique	44
A un ami de famille	45
A un parent ou à un ami ancien officier	45

TROISIÈME PARTIE.

COMPLIMENTS EN PROSE POUR PÈRE, MÈRE, GRAND-PÈRE ET GRAND'MÈRE.

Un jeune enfant à un père	47
A un père	48
Autres	49 et 50
A une mère	52
Autres	53 et 54
A un père ou à une mère	56
Autres	56, 57, 58 et 59
Aux mêmes ou de très-proches parents	60
Un jeune enfant à ses parents	61
A un père et à une mère	62
A un père, à une mère ou à d'autres parents	63
A un grand-père	64
Autres	65 et 66
A une grand'mère	67, 68 et 69
A un grand-père ou à une grand'mère	71
A un grand-père et à une grand'mère	72 et 73

QUATRIÈME PARTIE.

COMPLIMENTS EN PROSE POUR BEAUX-PÈRES, BELLES-MÈRES, ONCLES, TANTES, PARRAINS, MARRAINES, ETC., ETC.

A un beau-père	75 et 76

	Pages.
A une belle-mère....	77 et 78
A un frère aîné...	79
A une sœur aînée....	80
A un oncle......	81
A une tante.....	82 et 83
A un oncle ou à une tante......	84 et 85
A un parrain......	86 et 87
A une marraine.......	88 et 89
A un tuteur......	90 et 91
A un bienfaiteur......	92 et 93
A une bienfaitrice......	94 et 96
A un précepteur......	97
A une institutrice......	99

CINQUIÈME PARTIE.

PETITES PIÈCES DE VERS POUR PÈRE OU MÈRE.

L'amour paternel......	101
Les deux voix et l'enfant......	103
L'amour maternel......	106
Le cœur d'une mère......	108

SIXIÈME PARTIE.

COMÉDIES EN VERS POUR LA FÊTE D'UN PÈRE, D'UNE MÈRE, OU DE TOUT AUTRE PARENT.

Le louis d'or......	114
Il faut s'entr'aider......	125

SEPTIÈME PARTIE.

PETITES COMÉDIES EN PROSE POUR LA FÊTE, ETC.

Un secret de Polichinelle......	141
La pièce de circonstance......	165

HUITIÈME PARTIE.

Petites pièces de vers pour une distribution de prix... 187, 191 et 194

NEUVIÈME PARTIE.

COMÉDIES EN VERS, POUR DISTRIBUTIONS DE PRIX.

Le roi de la malice......	197
Les récompenses comiques......	217

IMPRIMERIE J. CLAYE, RUE S.-BENOÎT, 7.

EXTRAIT

DU

CATALOGUE DE LA LIBRAIRIE DELARUE

A Paris, rue des Grands-Augustins, 3

Les Fables de J. de La Fontaine, format anglais, 2 vol. illustrés d'environ 100 vignettes, par Pauquet. Papier superfin glacé, impression de luxe. Prix, broché, les 2 volumes réunis. 3 50
    Riche reliure. . . . . 5 »

Les Fables de Florian, format anglais. 1 vol. illustré d'environ 50 vignettes, par Pauquet. . 2 50
    Riche reliure. . . . . 4 »

Voyages de Gulliver, format anglais. 1 volume illustré d'environ 120 vignettes, par H. Émy. Papier superfin glacé, impression de luxe. 3 50
    Riche reliure. . . . . 5 »

Le Magasin des Enfants, par madame Leprince de Beaumont, format anglais, 1 volume illustré de 150 vignettes, par Télory. Papier superfin glacé, impression de luxe. 3 50
    Riche reliure. . . . . 5 »

Paul et Virginie, par Bernardin de Saint-Pierre, format anglais, 1 volume illustré par Télory. Impression très-belle, 80 vignettes. 3 50
    Riche reliure. . . . . 5 »

Histoire de France, depuis l'année 420 jusqu'à nos jours, par Jules Rostaing, illustrée de 75 portraits, par Godefroy Durand. Un très-fort volume, format anglais, 608 pages, 75 portraits exécutés par les premiers graveurs. 3 50
    Riche reliure. . . . . 5 »

Les Contes de Perrault, même format, 50 vignettes, par Henri Émy.. . . . . 2 50
    Riche reliure. . . . . 4 »

Alphabet illustré des animaux, contenant des exercices de lecture, la description des animaux les plus remarquables, un choix de fables en prose et en vers. Un magnifique volume, format anglais, illustré de vignettes, dessinées par Traviès et Beaucé, gravées par Thiébault et Lavielle, lettres ornées par Lacoste.. . . . . » 75

Alphabet illustré des jeux de l'enfance, illustré par Émy. Gravures par les premiers artistes.
    Chaque exemplaire broché . . . . » 75
    Cartonné.. . . . . 1 25
    Gravures coloriées. . . . . 2 »

Le Magicien des Salons, ou le Diable couleur de rose; recueil nouveau de tours d'escamotage, de physique amusante, de chimie récréative, tours de cartes, etc. Nouvelle édition, illustrée d'un grand nombre de figures sur bois gravées avec le plus grand soin. Un beau volume in-12, avec 200 figures. 3 50

Le Secrétaire général, contenant des modèles de pétitions à adresser à Sa Majesté l'Empereur, aux ministres, au corps législatif, aux préfets, avec des instructions relatives à tous les usages de la correspondance; lettres de fêtes, de bonne année, de condoléance, de recommandation, de félicitation, de remerciements; lettres d'affaires et de commerce, modèles de lettres de change, billets à ordre, effets, promesses, obligations, quittances de loyer, lettres de voiture, billets d'invitation; lettres d'amour, déclarations, demandes en mariage, instructions relatives aux correspondances nuptiales; lettres de faire part, de naissance, de mariage et de décès. Suivi de lettres de Sévigné,

Voltaire, Rousseau, etc., etc. Ouvrage rédigé et mis en ordre par *Prudhomme*. 46me édition, suivant le cérémonial de l'Empire français. Un beau volume in-12.   3   »

Art de confectionner les Fleurs artificielles. Édition dédiée aux dames, par madame B***. Volume de format in-18, orné d'un grand nombre de gravures. 3 50

Nouvelle Sélamographie, langage allégorique, emblématique et symbolique des fleurs et des fruits, des animaux, des couleurs, etc. Très-beau volume in-18, orné d'un joli frontispice et d'une grande quantité de vignettes. 1 25

Physiologie complète du Rébus, ouvrage illustré par 850 petites figures gravées, et rédigé par *Blismon*. Volume in-18 de 170 pages. 1 25

Académie des jeux, contenant la règle des jeux de piquet, piquet à écrire, piquet normand, piquet voleur, écarté, triomphe, impériale, lansquenet, reversis, mouche, boston, bouillotte, whist, bésigue, tarots, vingt-et-un, trictrac, dames, échecs, billard, dominos, par *Richard*. Très-beau volume in-18, grand format, couverture imprimée en couleurs. . .   2   »

Les Mille et un Amusements de Société. Recueil de tours d'adresse ou d'escamotage, de subtilités ingénieuses, de récréations mathématiques, d'expériences tirées de la physique, de tours de cartes, etc., etc. Ouvrage orné de 130 gravures pour l'intelligence du texte, dédié aux personnes qui veulent s'amuser et divertir les autres à peu de frais. Gros volume in-18.   2   »

Les Mille et un Tours de physique amusante dévoilés, pour faire suite aux Mille et un Amusements de Société, publiés par *Blismon*, de Douai. Édition ornée de gravures.   2   »

PETITE BIBLIOTHÈQUE OMNIBUS.

1re *série.* — 1 *fr. chaque volume.*

Recueil des plus jolies chansons populaires, romances, chansonnettes des auteurs anciens et modernes.

Recueil de Proverbes français, extraits des meilleurs auteurs par M. *Desciseaux*.

Recueil de Charades et d'Énigmes, extraites des auteurs anciens et modernes, par M. *Desciseaux*.

Recueil de Calembours et jeux de mots, mis en ordre par M. *Desciseaux*.

Recueil de Facéties et de Bons mots, anecdotes historiques, plaisantes, burlesques, naïvetés, contes amusants, etc., mis en ordre par M. *Desciseaux*.

Recueil de Contes à rire, plaisanteries historiques, amusantes, burlesques, comiques, naïvetés, bons mots, etc., mis en ordre par M. *Desciseaux*.

Académie des Jeux, contenant la règle de chacun des principaux jeux, soit de cartes, billard, échecs, dominos, dames, etc. Nouvelle édition mise en ordre par *Richard*.

Pour recevoir franco, par la poste, les livres indiqués sur ce petit catalogue, il suffira d'en envoyer le montant en *un bon sur la poste et par lettre affranchie.*

Adresser à M. Delarue, libraire à Paris, rue des Grands-Augustins, 3.

IMPRIMERIE DE J. CLAYE, RUE SAINT-BENOIT, 7.

EN VENTE
CHEZ LE MÊME LIBRAIRE

Les Fables de J. de La Fontaine, format anglais, 2 vol. illustrés, d'environ 100 vignettes, par Pauquet. Papier superfin glacé, impression de luxe. Prix, broché, les 2 volumes réunis.......... 3 50
    Riche reliure.............................. 5 »

Les Fables de Florian, format anglais. 1 vol. illustré d'environ 50 vignettes, par Pauquet.. 2 50
    Riche reliure.............................. 4 »

Voyages de Gulliver, format anglais. 1 volume illustré d'environ 120 vignettes, par H. Émy. Papier superfin glacé, impression de luxe.......... 3 50
    Riche reliure.............................. 5 »

Le Magasin des Enfants, par madame Leprince de Beaumont, format anglais. 1 volume illustré de 150 vignettes, par Télory. Papier superfin glacé, impression de luxe...................... 3 50
    Riche reliure.............................. 5 »

Paul et Virginie, par Bernardin de Saint-Pierre, format anglais, 1 volume illustré par Télory. Impression très-belle, 80 vignettes................ 3 50
    Riche reliure.............................. 5 »

Histoire de France, depuis l'année 420 jusqu'à nos jours, par Jules Rostaing, illustrée de 75 portraits, par Godefroy Durand. Un très-fort volume, format anglais, 608 pages, 75 portraits exécutés par les premiers graveurs........................ 3 50
    Riche reliure.............................. 5 »

Les Contes de Perrault, même format, 50 vignettes, par Henri Émy.................... 2 50
    Riche reliure.............................. 4 »

www.ingramcontent.com/pod-product-compliance
Lightning Source LLC
Chambersburg PA
CBHW070653170426
43200CB00010B/2222